「図書館の自由に関する宣言」採択50周年座談会・60周年記念講演会記録集

図書館の自由を求めて

Searching for Intellectual Freedom in Libraries
Records on 50th Anniversary Symposium and 60th Anniversary Lecture of the Adoption of "Statement on Intellectual Freedom in Libraries"

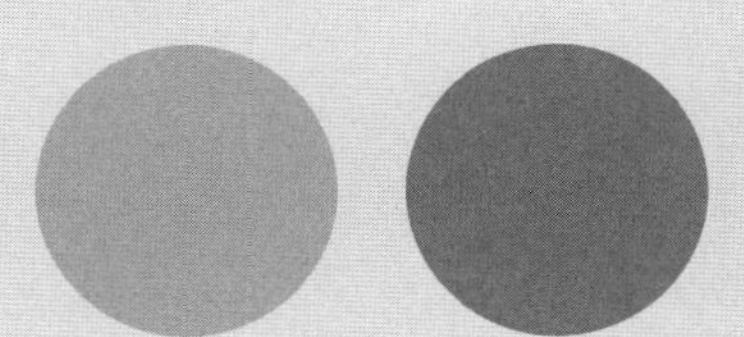

日本図書館協会図書館の自由委員会編

公益社団法人　日本図書館協会

Searching for Intellectual Freedom in Libraries
Records on 50th Anniversary Symposium and 60th Anniversary Lecture of the Adoption of "Statement on Intellectual Freedom in Libraries"

Compiled by Intellectual Freedom Committee of Japan Library Association
Published by Japan Library Association

図書館の自由を求めて　：「図書館の自由に関する宣言」採択50周年座談会・60周年記念講演会記録集　／　日本図書館協会図書館の自由委員会編. － 東京 ： 日本図書館協会, 2016. － 117p ； 21cm. － ISBN978-4-8204-1602-9

t1. トショカン　ノ　ジユウ　オ　モトメテ　：　トショカン　ノ　ジユウ　ニ　カンスル　センゲン　サイタク　50シュウネン　ザダンカイ　60シュウネン　キネン　コウエンカイ　キロクシュウ
a1. ニホン　トショカン　キョウカイ　s1. 図書館と自由　①010.1

まえがき

二〇一四年は、日本図書館協会が「図書館の自由に関する宣言」を一九五四年の全国図書館大会で採択してから六〇周年にあたりました。図書館の自由委員会は、二〇一五年八月にこれを記念して講演会を開催しました。一年遅れての開催となりましたことを、まずはご報告するとともに、お詫び申し上げます。

採択五〇周年の二〇〇四年には、全国図書館大会分科会の中で座談会を開催し、記録を大会記録にも収録しました。このたび六〇周年記念講演会記録集を刊行するにあたり、五〇周年記念座談会の記録をあわせて収録する運びとなりました。

「自由宣言」の採択から六〇年の時間の流れは、私たちが思いも見なかった展開を示しています。『図書館戦争』シリーズの発売や映画化は、図書館関係者には複雑な思いを持つ者も少なくありませんが、「図書館の自由」への認知度を確実に広げてくれたことは間違いありません。一方、『はだしのゲン』の閲覧制限問題や、『絶歌』の収集・提供制限問題など、大きな社会の問題として「図書館の自由」をめぐるトピックが無理解・誤解を含めて取り上げられることも増えてきています。

本書は、「図書館の自由」をめぐってこれまで積み重ねられてきた図書館関係者の実践を振り返るとともに、「図書館の自由」の基本を確かめることができる一冊ともなるように、豊富な脚注や資料とともに編集いたしました。今般の「図書館の自由」をめぐる課題を、それぞれの図書館が主体的・自律的に考えるための資料として、本書を活用していただけることを願っております。

日本図書館協会　図書館の自由委員会
委員長　西河内　靖泰

二〇一五年一二月

―― 目　次 ――

第一部

「自由宣言」の原点をさぐる

―座談会「自由宣言五〇年　その歴史と評価」の記録

平成16年度第90回全国図書館大会　香川大会
瀬戸内の風にのせて、未来へ発信　～情報の泉・図書館を考える～
第9分科会　図書館の自由　より
開催日　　2004年10月28日
会　場　　香川県社会福祉総合センター

パネリスト

塩見昇（しおみ　のぼる）
日本図書館協会常務理事、大谷女子大学教授、大阪教育大学名誉教授。元大阪市立図書館勤務。
委員会発足時（一九七五）〜一九九八年度、委員。
この間、近畿地区委員長も二期務める。
「宣言」一九七九年改訂、委員会の運営に尽力。

石塚栄二（いしづか　えいじ）
帝塚山大学名誉教授、元大阪市立図書館勤務。
委員会発足時（一九七五）〜一九八八年度、委員。
一九七九〜一九八二年度全国委員長。
「宣言」一九七九年改訂、委員会の運営に尽力。

酒川玲子（さかがわ　れいこ）
日本図書館協会参与、和光大学非常勤講師、元日図協事務局長、元横浜市立図書館勤務。
委員会創設時（一九七五）〜一九七八年度委員。関東地区小委員長。

土居陽子（どい　ようこ）
大学非常勤講師、元西宮市立西宮東高等学校図書館司書。
一九八五年度〜二〇〇〇年度、委員。
学校司書として学校図書館における図書館の自由について常に発言を続けてきた。

井上靖代（いのうえ　やすよ）
獨協大学経済学部（司書・司書教諭課程）助教授。
一九九一年度〜現在、委員。
アメリカ合衆国を中心に、外国における「図書館の自由」について研究。一九九七年〜現在、IFLA／FAIFEの委員として、世界へ向けて情報発信。

進行

西村一夫（にしむら　かずお）
松原市民松原図書館。
二〇〇三年度〜二〇一〇年度、委員。

（肩書きは座談会当時）

開会あいさつ

西村一夫（進行）
　今年は一九五四年に自由宣言ができて五〇年という節目の年であり、「自由宣言五〇年　その歴史と評価」というテーマで、今までの歴史を振り返りながら今後どのようにわれわれの活動に活かしていくか、というお話をしたい。進行は、日本図書館協会常務理事で大谷女子大学教授の塩見昇さんにお願いしています。

座談会の趣旨

三苫正勝（日本図書館協会図書館の自由委員会委員長）
　図書館の自由委員会の委員長として最初に申し上げます。宣言の解説の改訂を昨年度の三月に出しました。今年がちょうど宣言採択から五〇年になることを記念して出版物を出すことにしました。次に、オーラル・ヒストリーの形でいろいろな隠れた重要なことを見出そうと考えたのですが、その形ではあまり綿密なものが出てこないと考えて座談会にしました。
　座談会の出席者を考えると、自由宣言以前のことをご存じの方は現役では非常に数少なくなってきて、何人かに限られてきてしまったのです。しかし、それでも協会の事務局長をやられた酒川玲子さんなどはそれ以前のこともある程度ご存じだし、いろいろ考えてこのメンバーの方に集まっていただきました。
　進め方は塩見さんを中心に論議をし、ある程度時系列で考えることを基本にして、将来のことも考える必要があるのでそれをお話しいただくことになりました。塩見さんには司会進行役を兼ねた発言者としてお願いしますのでよろしくお願いします。

塩見昇（司会）
　それでは五〇年を経た「図書館の自由に関する宣言」について、それぞれの時期のことについて、このようなオープンな場で話し、そのことを皆さんの共通の意識の中にとどめていきましょう。それから、単に昔の話をするというだけではなくて、そのことを通して図書館の大きな変化の中で図書館の自由という図書館の基本にかかわる考え方が持つ課題と、今後の展開も話していきたいと思います。しかし、座談会で今後のあり方や何かについて一定の方向をというおこがましいことを考えるのも筋が違うだろうと思いますから、五〇年を通して今の課題なり方向性なりを可能な範囲で問題の所在として確認をする、そのようなことが後半にできたらいいと思っています。

出席者の紹介

塩見

この後それぞれの方に、図書館の自由とのかかわりでの自己紹介をしていただきます。私もその点について先に発言しておきます。今日、前にいる五人は、それぞれある時期の「図書館の自由に関する調査委員会」の委員であったという点が共通です。「図書館の自由に関する調査委員会」は一九七四年に発足しますが、図書館協会で委員会をつくるかつくらないかを検討する委員会をつくって、設置をすることの可否について検討してその方向性を決め、そして役員会で正式に設置を決めるという慎重な手順を踏んで発足しました。私自身は設置の可否を検討する段階から関与し、発足した調査委員会で、一九七九年改訂の宣言については起草小委員会で、石塚栄二さんなどと一緒に仕事をしました。一九七九年改訂にはかなり深くコミットしたメンバーだと思っています。

図書館の自由という問題自身、私の図書館人としての出発の当初からマッカーシズムの問題等々、研究的にも関心を持ってきたテーマで、図書館の世界での仕事のかなり主軸にしてきたと思っています。

では、石塚さんから順番に自己紹介をお願いします。

石塚栄二

私は図書館の世界に入りましたのが、入ったというのはどのような意味で入ったと考えるかの問題もありますけれども、図書館で給料をもらうような形になりましたのは一九五〇年のことでありますので、もう既に五〇数年間図書館に何らかの形でかかわりを持ってまいりました。その中でやはり図書館の自由の問題には比較的早くから関心を持ったと言ってよろしいのだろうと思います。

最初に私がそのようなことについて、思想と言ってよろしいでしょうね、影響を受けましたのは、亡くなられました弥吉光長さんという大先輩のお話の中でそのようなことに触れたことがあったというような気がいたします。それ以来、いろいろな図書館の仕事をしながらこれに関心を持ち続けてまいりました。

この調査委員会が、——今は「図書館の自由に関する委員会」というように「調査」がなくなったそうでありますけれども——成立した時点からずっと長いこと委員を務めさせていただいておりまして、その間、いくつかの全国的に問題になりますような事件にもその現場に立ち会いをしてまいりました。それらの細かいことにつきましては、また後ほどお話を申し上げることになろうかと思います。改訂の草案の原案作成ですとか、あるいは当初の宣言が改訂されまして間もなく出ましたのが、このような解説の小冊子（＊1）でございますけれども、それの執筆などから始まりまして、いささか批判の多かった解説の執筆責任者であったということだけを、とりあえずは申し上げておいたらよろしいかと思います。

（＊1）図書館の自由に関する調査委員会編『図書館の自由に関する宣言　一九七九年改訂』日本図書館協会　一九七九年刊（これは宣言の解説版である。まぎらわしいので一九八七年に解説部分の改訂版を刊行する際に書名を『「図書館の自由に関する宣言一九七九年改訂」解説』とした。）

酒川玲子

図書館の自由との出会いは、図書館員になってからだいぶ経ってからで、私は昭和三〇年代の初めに司書講習で司書の資格を取ったのですが、そのころ授業の中で一度も図書館の自由ということは聞いた覚えがないのです。あまりまじめに勉強していなかったせいもあるかもしれないですが、どう考えても図書館の自由ということは一言も教わってこなかった。それから現場に入り仕事をしている中で、たまたま何か調べることがあって『図書館雑誌』のバックナンバーを繰っておりましたらば、そこに図書館の自由の宣言というものが出てきて、「え、一体これは何なんだろう」と思いました。ところが、たまたまその図書館で持っていた『図書館雑誌』のその号では、ページがきちんとついていなかったのかどこかに張りつけてあったのか、何か変なことがしてあったのですよ。そうなると知りたくなるのが人情で、一生懸命ページをはがしたりして読んでみると、何かとんでもないことになっているなということがわかって、それから図書館の自由の宣言に大変興味を持ちました。その辺のところは、復刻された『図書館の自由に関する宣言の成立』をご覧いただくと、なぜそのようなことになったのかよくおわかりになると思いますので、ぜひご覧いただきたいと思います。

年月が過ぎ、山口の図書館の事件（＊1）が起こり、図書館の自由が再確認される中で、図書館資料の取り扱いや利用者のプライバシーの問題、それに対する官憲の介入などの問題が顕在化してくる。同時に、だいたい一九七〇年代からは、皆さまもご存じのように、公立の図書館がだいぶん大きく動き出して図書館の数も増えてくる。そして、図書館の置かれている社会的状況もまた、一九五〇年代とは変わってくる。もう一つは、同和問題などが一方で出てくる。そのような問題の中で、やはり図書館の自由というものをきちんと恒常的に議論をする場所がないとだめなのだ、――前の宣言が主文だけにしろ採択された後、それこそ芝居で言えば「二〇年あいたち候」という文が入って次の場面に移るような、そのようなことになってしまわないためにも――ということで、常設の委員会を日図協の中につくることになりました。私も塩見さんと同じ時期から、図書館の自由に関するさまざまな問題に関係するようになりました。

常設の委員会がつくられる間の、常務理事の方々とのさまざまなやりとりはまた後でお話しすることにします。一九五四年のときとの社会的な状況の変化もありますし、図書館をめぐる状況の変化もある。そのような中で委員会ができてから一九七九年の改訂ができるまでの間、いろいろなところでの実態調査などをしました。その間に、この問題が非常に根深く、出ていたのはほんの氷山の一角にすぎない、そして図書館の持つ体質のようなものも非常に深くかかわってきているという問題がわかってきたように思います。少なくともどこかで誰かが決めてくれて、そうしたらそのとおりやりますということでは図書館の自由というものは進んでいかないのだ、と常に感じています。

（＊1）山口県立図書館蔵書隠匿事件　一九七三年　『図書館の自由に関する事例33選』五二～六〇頁

土居陽子

私は学校図書館にずっといたのですが、図書館の自由との出会いは、午前中に鈴木啓子さんの話にもありました愛知県の高校の禁書（＊1）が最初と言ってもいいかと思います。あのときに校長先生が、「子どもたち、生徒たちが迷ったり悩んだりしないようにきちんと学校の図書館にはそれなりの本を置かなくてはいけない」と言われたときに、「えー、違うじゃないの。思春期の子どもたちは迷ったり悩んだりするのが勉強なんじゃないか」と思って、図書館にいろいろな本が入れられるということがどんなに大事なのかを感じました。その後自由委員会に入れていただき、約一五年間ずっと勉強させていただきました。

愛知の禁書のときに、図書館の自由が学校にもやはり必要だと思いはしましたが、まだそれでも学校図書館にとって本当に図書館の自由が理念になりうるのかは、私自身の中でずっと迷いがあったような気がします。どのようにして図書館の自由を学校で具現化できるかは、ずっと私の課題でした。自由委員会で公共図書館の話やいろいろな話を聞く中で、それが学校図書館だったらどうなのだというような形で、ずっと私自身の勉強のために行かせていただいたことのほうが多かったように思います。

『完全自殺マニュアル』（＊2）の予約をどう対処しようかも悩みながらしました。図書館の自由がただ宣言としてあるのだ、だから理念なのだというのではなくて、自分の仕事の中でそれが本当に理念になりうるのかをいろいろとやっていく、それが一番、私にとってはおもしろく大変でもあったと思います。予約制度も最初のうちは先生方と協議しながら、何でもかんでも入れるとは言えなくて、出てきた予約をいちいち選書するというところから始めて、最終的にはどのような本も入れられるところまで何とかこぎ着けました。日々の予約の大切さが「図書館の自由に関する宣言」に裏づけられていることを、私自身はとてもありがたいと思うようになってきました。

この宣言の前文の6に「ここに掲げる『図書館の自由』に関する原則は国民の知る自由を保障するためであって、すべての図書館に基本的に妥当する」と書いてあって、だから学校図書館もそうなのだと。一方ではこれに寄りかかりながら、その確かなものを学校の中でどう探すか、これはまだまだこれからの課題だろうと思っています。

今日は私の出番はほとんどないと思うのです。学校図書館というのがそれほど早いうちから図書館の自由に目覚めたわけでもありませんし、むしろ今後の課題のほうが多いわけですから、ここで皆さんのお話をうかがいながら私もまた勉強させていただき、後輩の人たちに少しでも伝えることができればいいと思ってまいりました。

（＊1）愛知県立高等学校図書館における図書購入禁止リスト問題　一九八一年　前掲書　三四～四〇頁
（＊2）鶴見済著『完全自殺マニュアル』太田出版　一九九三
『図書館の自由に関する事例集』六七～七六頁

井上靖代

私は今まで自己紹介された方と違い、最初の宣言ができたときにはまだ生まれてなく、改訂のときにはまだ学生でずっと習ってきた世代です。

司書の採用試験を受けて図書館へ入るものだと思って就職したら、就職先が議会図書館でした。なぜ議会図書館に司書を配置したかといいますと、大阪の南にある堺市ですが、議員の資産報告書の一般公開を最初に始め、議会でもめたらしいのです。そういったプライバシーに関するものを公開するのであれば当然図書館でやるべきである。図書館でやるなら司書がいるべきであるという、何か結果として私がそこに配置になったらしいのです。私はそのような事情は全然知らず、ただ習っただけで行ったらそのようなことがあり、これはもっと勉強しないとやっていけないと仕事をやめてアメリカへ留学したのです。

留学したところでいらっしゃった先生が、『図書館の自由と検閲』（＊1）の著者のアンダーソン先生で、アメリカでの図書館における検閲や焚書の問題を、ケース・スタデイの形で、このような事例がある、ではあなたはどうするのですか、とさんざんやらされました。帰ってきたところ、『ちびくろサンボ』の絶版（＊2）の問題にぶつかり、「じゃあ、あなた、わかってる?」と言うと「いや、わかりません」と、何かいろいろ言っているうちに自由の委員会に入ることになりました。それ以来、現在でもまだずっと自由の委員会の委員として務めています。今日は世代が違いますので、できるだけいろいろなことを聞かせていただこうと思って参加します。

（＊1）A. J. アンダーソン著　小木曾真ほか訳『図書館の自由と検閲　あなたはどう考えるか』日本図書館協会　一九八〇

（＊2）一九八八年ごろ　『図書館の自由に関する事例33選』一一六～一二〇頁

座談会の進め方

塩見

お聞きのようなメンバーです。人選は委員会がおやりになりましたので、私は承知していませんが、一時期の委員会に関係をしていたという共通項はあるわけです。

自由宣言は一九五四年にけんけんがくがくの議論の末に採択をされた。二〇〇四年はちょうど五〇年です。五〇年とか七〇年とか百年ということに格別に意味があるわけではないでしょうけれども、ある一つの事柄を振り返ってみるという意味では確かに一つの区切りにはなるのかと思います。このテーマは切れ目切れ目がはっきりしています。一九五四年に宣言が採択をされた。単に宣言ができただけではどうしようもない、これをどう図書館の中で具体化していくか、あるいは日常と結びつけていくか、当然そこにはそれを実行する主体が必要だということで、いわゆるこの図書館の自由委員会のようなものをつくらなければいけないというのが実は当初から意識はされ、議論にはなっているわけです。ただなかなかそうはならなかった。ならなかったことにも理由があるわけです。図書館の自由に関する調査委員会というのをいよいよ設置をしましょう、図書館協会に常設委員会でつくりましょうとなったのが一九七四年ですから、これがちょうど二〇年たっているわけです。この五〇年は、宣言を具体化していくための常設委員会を持たずに宣言が文書として存在した二〇年と、それを具体化していくための組織を図書館協会が持った三〇年になるわけです。それから改訂が一九七九年ですから、この五〇年は、一九五四年宣言で二五年、そして一九七九年宣言でまた二五年という区切りにもなっているわけです。

参考文献

塩見　参考文献を紹介しておきます。『図書館雑誌』二〇〇四年一〇月号が「50年を迎えた「図書館の自由に関する宣言」」の特集をしました。その中に「50年を迎えた「図書館の自由に関する宣言」」があります。また、この一〇月に『図書館年鑑』にみる「図書館の自由に関する宣言」50年』が出ていますね。『図書館年鑑』が一九八二年にできて二〇年あまりになるわけですが、その間の「図書館の自由のこの1年」(＊1)と一九八四年の「自由宣言30年」特集(＊2)が入っています。それから、復刻された『図書館と自由　第1集　図書館の自由に関する宣言の成立』はそれ以前の文献を再版したものです。これらが、「図書館の自由に関する宣言」五〇年を振り返ってみようというときの一番概括的かつ基礎的な文献になりますので、後でぜひ読み返していただきたいと思います。今日の限られた三時間の中ではなかなか十分目配りしているというわけにいきませんから。

このあと、そのようなときは私は生まれていませんという人までいるわけですから、ある程度五〇年というものを振り返ってみる、「そうか、そんなことがあったのか。そういう形で生まれたのか」ということについて共有することも主たるねらいだろうと思うので、中休みをするまでは時系列で流れを少し追ってみたい。

(＊1) 正式タイトル「図書館の自由をめぐって」(各年)

（＊2）正式タイトル「特集：図書館の自由に関する宣言30年」

宣言改訂に至る過程

塩見

おおまかに一つの時期として、一九五二年から一九五四年にかけて中立性論争から宣言の採択へという時期。図書館の中立性について『図書館雑誌』でけんけんがくがくの、多分『図書館雑誌』の中でやった議論としては最もホットで長く続いた議論だと思いますが、この議論を経て一つの成果が「図書館の自由に関する宣言」になるわけです。一体なぜこの時期に図書館の自由に関する宣言がつくられねばならなかったのか、あるいは「図書館憲章」と言っていた名称が最終的に「図書館の自由に関する宣言」となりますが、この名称の問題。結局、宣言は四行か五行の柱（主文）だけしか採択ができなかったわけです。この議論の場にいらっしゃった方で記録の上で確認できる方は、今日フロアにいらっしゃる森崎震二さん以外にはありません。この三日間にわたる宣言を採択したその場でみずからも発言をされている大変貴重な歴史的記録として、森崎さんには採択の議論の空気のようなものをぜひお話をいただこうと思っています。

宣言が採択されるわけですが、それから一〇数年間は残念ながら「ときどき思い出す宣言」と表現するのが私は妥当だったであろうという気がします。いくどか提案があって図書館大会で宣言を再確認しています。例えば何か問題があると、――青少年の何とか問題が出てきた、図書の選定問題が出てきた――、そのようなときには「いや、図書館というところはこのような宣言があるところだ」と確認することはやっているわけですが、では、それが日常の中でどう継承されていったかとなると、神棚へ上げておくというような関係で来たのではなかったか。

そうしたものが日常の中に結びついていく大きな転機になったのが、一九六七年の「練馬のテレビ事件」と称される問題です。テレビドラマのシナリオをめぐってひと悶着あるわけですけれども、図書館の自由は図書館の日常の中にあることを私どもが初めて実感した出来事であったと思います。このようなことが出てきて、図書館の自由と図書館活動のかかわりが決して無縁ではない、図書館活動の一定の発展を抜きにして図書館の自由は、観念としてはあり得ても、実践的な課題にはなかなかならないと見えてくる。これがちょうど一九六〇年代の終わりから一九七〇年代ぐらいになるわけです。

山口の事件から委員会の設置・宣言の改訂

塩見

一九七三年に「山口の蔵書隠匿事件」と言われる事件が出てきて、――この辺が図書館活動の大きく転換をしていく時期に当たるわけですが――、この事件を契機にして、そっとしまっておくとかあるいはときどき思い出す宣言ではなく、日常の中に働く宣言に、そのためには委員会が必要だ、と委員会の設置という話になっていくわけです。設置された委員会が最初に手がけた仕事が、この宣言の、当初は「副文」と呼んでいますが解説部分を生き返らそうと仕事をしていく。一九七七～一九七八年ぐらいのこと。ただ、やはり副文だけでは済まないということで、主文を含めた全面的な宣言の改訂にと進んでいって、一九七九年の宣言改訂に行った。このような流れに沿ってその当時の状況、あるいはなぜそうだったのか、改訂された宣言の特徴点は一体何か、そのときにどのような議論がなされたか、重要な節目節目を約一時間で少したどってみたい。

一九七九年改訂以後

塩見

最後に、一九七九年改訂によって自由宣言がよほど社会の目にとまるようになったと思うので、一九七九年宣言の改訂を機に図書館の自由に関する宣言が図書館の内側だけではなく外からどのように注目されるようになってきたか、どのような迎えられ方をしたかについても押さえておきたいと思います。

ひといき入れました後、今度は比較的最近の事例を含みますので、時系列を追うということではなく、図書館の自由にかかわるテーマ、問題のパターンをいくつか設定し、その中にいろいろな事例をほうり込みながら少し話をしていこうかと思います。後半の最後では、図書館の自由に関する調査委員会、――これが既に三〇年の経験を重ねてきましたが――、この委員会の活動そのものを、それぞれある時期を担ってきた立場で振り返ってみて、これからに向けて提言的な部分を出したいと思います。

そのように進めていこうと思いますが、森崎さんをはじめとしてこの問題のときはあの人が、と思う人たちもいらっしゃいます。ときに私のほうから「このあたりのこの問題についてはどうか」と水を向けることもあるかもしれませんので、そのときはよろしくお願いいします。聞いているうちに「いや、そのことについては私がひとことだけ言いたい」という人があれば手を挙げてください。皆さんが一緒に参加をする座談会というように進めたいと思います。

では、本論に入ります。今ざっと申し上げた中にも既に込めていますけれども、自由宣言五〇年の出発点は一九五四年です。ただ、図書館の自由に関する宣言が一九五四年につくられるに至る過程としては、これに先立つ二、三年の時期というのがあります。これは今回の『図書館雑誌』一〇月号の特集でも森崎さんが「『図書館の自由に関する宣言』の成立事情」をお書きになっています。戦後の日本社会が最初に直面した大きな転換の時期、逆コースと言われたりUターンと言われたりした、占領下から占領事情が解消されていくという、戦後日本史の大きな転換の時期です。このような時代状況を背景にしてこの自由宣言の問題は始まっていくわけですが、お若い方もいらっしゃる席ですので、時代状況を共有するという意味合いで、石塚さんからごく簡単に一九五二年から四年ぐらいの時代をご紹介いただけるでしょうか。なるべく簡潔で結構ですから。

破防法問題と図書館の中立性論争

石塚　だいたい歴史的なことをお話しするのはあまり得意なほうではありませんけれども、日本が講和条約を結びまして一応国際社会に復帰をいたしましたのが一九五一年でありまます。先に、資料のご紹介をしておきたいと思います。『図書館の自由に関する事例33選』が『図書館と自由』シリーズの14集として出ております。この最後の部分のところに年表があるのですけれども、今回の中ではこの年表あたりをむしろ復刻して、それに少しそのあと足していただいたほうがわれわれにはよかったのかなという気がしないでもありません。この年表には、昭和二一年から、つまり日本の敗戦の翌年一九四六年以後の図書館の自由にかかわりますいろいろなことがていねいに、しかもそれぞれ根拠になりました典拠資料をそのまま記録されておりますので、非常にそのような面での参考にはなろうかと思います。

今日、復刻が出ておりました『図書館の自由に関する宣言の成立』の一番初めのところに、亡くなられました森耕一さんがこの宣言の簡単な経過をまとめてお書きになっていますけれども、その中で「『図書館の自由に関する宣言』

が成立するまでの経過をしらべてみると、問題の発端は一九五二年の九州大会にあるようである」と書いてありま す。この九州大会でどのようなことがあったのかと申しますと、昭和二七年は、四月だったでしょうか、破防法（＊1）という国民の自由を制約するような法律の提案が行われた年なのですね。しかもこの年の五月には、東京の方はよくご承知だろうと思います、皇居前広場におきます「血のメーデー事件」と言われます大変な事件があった年なのですね。そのような背景の中で、破防法反対へという課題を図書館界としても公にする意思表明をすべきではないかという議論が出たのが、この一九五二年の九州で行われました図書館大会であったわけです。

それに対しまして、さまざまな議論がされる中で、先ほど見ました『宣言の成立』の四四ページから四五ページのところに「図書館と中立についての討論を提案する」という中立性論争のきっかけが出たわけです。二三ページにある「火中の栗をいかにすべきか」という有山嵩（アリヤマタカシ）さんの文章が発表されて、それをきっかけにして協会の中でもさまざまな議論というのが行われてきたわけです。その一方で、埼玉県の秩父市立図書館におきます講演会、中島健蔵さんという評論家の方の講演会を図書館で開催しようというときに、その会合の準備などにかかわりを持っておりました職員の方の机などを警察官が捜索するという事件が起こりました。そのようなさまざまな動きの中で図書館憲章、当時は図書館憲章と呼ばれたわけですけれども、そのような形のものをやはりつくるべきではないかという意見が出てきたというように思います。それ以後の経過などにつきましては、もう少し後でまた申し上げることにしようと思います。

（＊1）破壊活動防止法　一九五二年七月二一日公布

図書館憲章をめぐる論議

塩見　どうもありがとうございました。お聞きのような、いわゆる戦後日本の社会が占領下から朝鮮戦争という大きな世界史的エポックを経て、全面講和、片側講和というようなことが議論されますけれども、西側の一員として国際社会に復帰をする。そのかわり日米安保（＊1）体制下という冷戦下の一つの陣営に属するという形で、日本が国際社会に復帰していくわけです。そのような時代状況がやはり図書館のありように対してもいろいろかかわりを持ってくる。

そこに一つの危機感が生まれて、というようなことが醸成をされていった、そのような時代であっただろうと思います。一九五三年六月に埼玉県公共図書館協議会から、図書館憲章をつくってくれという申し入れが出された。図書館協会としては役員会で「図書館憲章はつくろう。どんな憲章にするかについては幾人かの委員会をこしらえて案文を検討しよう」となって、いよいよ一九五四年の図書館協会の総会あるいは大会という場で「図書館の自由に関する宣言」が、――提案のときには、このように名称が変わるわけですが――、提案をされたということで、図書館の自由宣言そのものがいよいよ五〇年のスタート時点についていくわけです。

この大会あるいは総会での議論については今回復刻の『図書館と自由　第1集』の会議録をお読みになると、なかなかリアルに、詳細に、しかも相当さまざまな議論がされた、あるいは、かなりさまざまな立場が率直に表明をされていたことがよくわかるわけです。『図書館年鑑一九八四年』の自由宣言三〇年の特集に、宣言当初の時期にかかわりを持ったであろうと思われる四人の人に、当時の委員会メンバーがインタビューをしております。その中で、成立初期の事情を聞き取り的に記録されていますので、またご覧いただいたらよいと思います。その議論の中で例えとしてよくその後聞かれますのは「キジも鳴かずば撃たれもすまい」。要するにこの図書館の世界が自由に関する宣言というようなものを勇ましく声を上げることの、理念としてはわかるけれども、そのような力があるのか。なまじっか出過ぎたことをやることによって、図書館はお金の問題を含めて非常に厳しい状況に置かれるのではないか、このような慎重論もまた一方で強い。このような議論がこの第1集のやりとりの中では大変リアルに記録に残されているわけです。

その場に参加をされ直接議論の一端にも加わられた森崎さん、この宣言を議論したこの会の空気のようなもの、どのような空気の中でこの宣言というのが採択されていったのかを少しご発言いただけましょうか。

（＊1）日米安全保障条約　一九六〇年

宣言採択時の図書館大会

森崎震二（高知市在住　日本図書館協会参与・元専修大学教授）

どうも、古いのが出てきて申しわけありません。一年前に問題が提起されていて、討論して、図書館協会の雑誌の担当委員が欄を二つほどつくったのですけれども、それが大変積極的に、このようなこともあった、あのようなこともあった、これはやるべきであるとか、むしろそれこそ「キジも鳴かずば撃たれまい」式のことをおっしゃる方もごくわずかですけれどもおられまして、編集部の集計によると年に二二のレポートがこの問題について集まった、画期的なことであると書いてあるわけです。図書館員というのは、日本人全体がそうだったのですけれども、そのようなシビアな問題についてお互いに本音を出して公開討論をするなどということはあまりしなかったのですね。やるのはたいてい赤ちょうちんの陰でやっていたわけですけれども、この問題のときには皆さん破防法がありました。GHQ（＊1）が保安隊という警察官の部隊をつくって、それから二年たって自衛隊にしたわけですけれども、そのようなこともあって、戦争は嫌だ嫌だと思って生き長らえてきて、平和になって灯火管制がとれてほっとしたなという気持ちのわずか六〜七年先ですから、みんなもう戦争は嫌だという気持ちのほうが強かったわけです。

そこで、この討論の中でもいよいよ本番になって出てきたときに、三日間の図書館大会ですから、とても半日だけでは討議できないのです。そこで、まず第一日が終わったところで全然序論にもいかないものですから、議長のほうから「三日間通してやろう」と。つまり、二日目が分科会なのです。ですから、分科会のこのような問題がそれぞれにあるわけですから、その討論の最後にこの問題を皆さんで意見を出し合って、そして三日目に持ち込んでくださいということで、三日目は全部これに使うということでやりました。議長さんもベテランの鈴木さん（＊2）とか大変立派な方がやったわけですけれども、ともかく徳島の方ですね、「キジも鳴かずば撃たれまい」というのは。「余計なことを言わなきゃ予算がつくんだ。それを、変なことを言うから予算がつかなくなる。それの責任は一体、館長、どうするんだということがつきまとってくるということを皆さん考えてくれ」、このような切々たる訴えがありまして、確かにそのような雰囲気はあったのです。戦争は嫌だと言いながら、やはり政府のほうはなかなか姿勢が強いのです。日本の敗戦というのは八月一五日で決まったのだというようなことを言って、本当の戦争の最後の処理というのは、ミズリー艦上の重光葵さんが判こを押したとき（＊3）に決まるのですけれども、そのようなことは新聞に少し出ておしまいになって、みんな誰も考えないし教えないのですよ。正式の降伏条件というのはそこのときに決まったのです。ですから、そのような中でみんなは「いや、これはやるべきである。やらなければ、また同じ結果が生じるであろう。怖い、怖い」ということが強かったのです。

そこで、その晩に、実はその会議の冒頭のときに日本図書館協会もミスをしまして、副文というのを実行委員会の中でも討議しないでいきなり出してしまったのです。そうしたら、裏田武夫さんという東大の先生が「こういうのが出てますけど、私は委員のはずなんだけど、見たこともないんですけど、どうします」と出されたものですから、みんな困ってしまって。夜、その前にやった図書館の全国的労働組合として初めてのものですけれども、全日図――全日本図書館員組合ですか、というのがありまして、それの解散式をやったわけです。いきなり解散式ですみませんけれども、もうやっていけなくなってしまって、お金の残務整理をどうするかということで、私が国会図書館におりましたものですから、そのお金を持ってきてみんなの前へ出したら、では、これは後々のために有効に使おうなどと言って誰かに預けたのですけれども、どうなりましたかよくわかりませんが、そのようなこともあったりして。そのときに副文に関する意見が出て、委員が知らないということではこれはしっかりしたものにならないから副文はことしはやめよう。そこで決議して、では、それを誰が言うのだというので、松本の小笠原忠統さんという名館長がおりまして「じゃ、おれが言おうか」と言ったから「ああ、小笠原さんなら通るから言ってくれ」。何しろ華族の出ですから。そのようなことになりまして、小笠原さんがそれを言ったもので、副文は採択しない、委員会も討論している、みんなで討議しよう。このようなずさんなところもあるにはあったのですけれども、ちょうど二つそのときに決議しました。

一つは原爆反対の問題です。全世界の図書館員に対して、原爆を二度と使用しないようにみんなで協力してやりましょうという意見と、それからこの日本国民の宣言、戦争は嫌だということ、もう世界中でそのような戦争はしないでほしい、そのようなことは大いに発議しましょうということになったわけです。そこで討論しましたら、例えば戦争中、原爆に突入するような気持ちで人間魚雷のようなのがあって、特攻隊というのです。それが僕の友人なども それで死んでしまったのですけれども、そのようなことを話して、もう戦争はよそうではないか。日本はそのようなことに加わって、先頭を切ってやったのだ。そのことはやはり悪いではないか。これはとても言いにくかったです。日本人が日本人を告発するわけですから。自分自身も行ってきているわけだから、とても言いにくかったのですけれども、やはりそれを言わなくてはいけないというようなこともあってやったわけです。そうしたら、話せば切りがありませんので、ここでまとめにしますけれども。「キジも鳴かずば撃たれまい」と、キャンキャン言わなければ予算もおりてくる、みんなそのようなことを思ってやれと言って三日間討論したら、やはり出席者何名だというような騒動をやった後で手を挙げましたら過半数になって、それでは、これを採択いたしますということになったのです。

それから、まだ不十分なところがあるから、図書館の自由委員会をつくって副文の問題その他を片づけましょうと言って、なかなか片づかなかったのです。いろいろ調査しましたら、埼玉県が発議したのですけれども、これは草野正名さんという方がおられて、自分がアメリカの、――あのころアメセン旅行と言ったのですが、三日間アメリカへ行って帰ってくるという。三日間というのは三カ月のことですけれども、――アメリカの事情を調べてきて、図書館の役割は何だというようなことを研究する。それを自分で国学院大学の論文にお書きになったのですね。そこで大事だったことは、今にして思えば、レファレンスの研究をしたということと、戦争にマッカーシズムなどがありましたが、それに反対することは図書館員としてどのように大事であるかということが書いてあって、そのような実務と考え方の問題、それがとてもうまく結合されて出ておりました。けれども、ほとんどの人にはそのようなものだろうなというような感じでやっていて、終わったら一杯飲みに行ってしまうわけですから、あまり残りはしませんでしたけれども、誰彼の胸の中にはみんな強く残っていたと思います。何か突然で、あまりうまくはまとまりませんでしたけれども、そのようなことです。

（＊1）General Headquarters of the Supreme Commander for the Allied Power　連合国最高司令官総司令部
（＊2）この時の議長は、小野則秋・小林重幸の二人
（＊3）一九四五年九月二日　降伏文書に調印

塩見

どうもありがとうございました。森崎さんから図書館憲章が提案されたころの時代背景などについてのお話が出ておりましたけれども、その時期の事情を石塚さんお話しいただけますか。

図書館憲章委員会

石塚　ただいまのお話だけでは正確にお名前を思い出さない、あるいはどのような役職の方だったかということがおわかりにくいかと思います。念のため、そのことを申し上げておきますと、この「図書館憲章委員会」というのが最初の委員会の名前ですけれども、委員会の委員長ではなしに委員会議長という形の肩書きに確か資料の上ではなっていると思いますけれども、佐藤忠恕（サトウ　タダユキ）さんは武蔵野市立図書館の館長さんです。委員としましては、先ほどお話がありました埼玉県立図書館の館長をしておられました韮塚一三郎（ニラツカ　イチサブロウ）さん、大阪府立の館長でありました中村祐吉（ナカムラ　ユウキチ）さん、千葉県立図書館の館長でありました廿日出逸暁（ハツカデ　イツアキ）さん、この時期にはもう東京学芸大に移っておられたと思います武田虎之助（タケダ　トラノスケ）さん、横須賀市立図書館長の竹田平（タケダ　タイラ）さん、それに有山さんというメンバーであります。

最初の委員が今申し上げたような形のものでして、それに最初の法三章的な案をつくりました形のものに対して多少異論が出たりしたものですから拡大委員会という形のものになりまして、その拡大委員会の中に、当時この問題について『図書館雑誌』誌上などで活発に発言をした人ということで、裏田武夫さんなどが参加をなさった、具体的に申し上げますとそのような形でこれがつくられた。こういう人たちによりまして最初の案が創案され、全国大会・総会に提案されたということ。会議の議事録などを読みますと、中にはちょっとどうかと思うような発言もないではありませんけれども、当時の館長さん方というのは非常に熱心にそれぞれそれを自分の問題として熱心に取り組もうとなさったという点だけは、――これは今の分科会におそらく館長さんとしてご出席なさっている方はいらっしゃらないのではないかと思いますけれども――、当時は館長さんというお立場の中でもそれぞれのこの問題についても非常にご熱心な方で、例えば先ほど森崎さんがおっしゃった原爆反対の問題などにしましても、志智嘉九郎さんという神戸市立図書館長が提案者になっているというようなことから見ましても、当時の図書館の人たちの人的な面におきましても今とは非常に条件が違ってきていた、ということは押さえておいてもよろしいことではないかと思います。

忘れられた自由宣言

塩見　ありがとうございました。宣言を採択することになるに至った時期について今少しお話が出たわけです。今出なかった話としては、一九五〇年に図書館法が制定されていますね。ですから、一九五〇年に図書館法ができて、図書館奉仕、図書館サービスというこれからの図書館の理念が示された。ただ、それを実行していく、具体化していくにはまだまだ図書館の状況は非常に貧しかった。その中でやはり図書館サービス、図書館のあり方を真剣に追求しよう意識は大変強かった。客観的に世の中の状況が大きく変化する中でのそのような図書館サービス、図書館奉仕というものを実現していく方向性に対する危機感といいますか危惧といいますか、このようなものがやはり中立性論争から図書館の自由に関する宣言へとなっていったのだろうと思います。

酒川さん、図書館でお働きになってからある日こつ然と目にして意識したというお話もありましたが、この成立あたりのことについて何か酒川さんの立場で少しお話をしておこうかということ、あるいは、疑問の提起はありませんか。

酒川　私はやはりそれを見つけたときに、非常にショックを受けた覚えがあります。それはなぜかというと、どうしてこのようなことが今、――それは昭和三四、五年のころですから――、そのころまで誰も何も言わないのか、言わなかったのか。それはもちろんその折々に、先ほど塩見さんが言われたように、たまたま思い出す宣言だったのかもしれませんけれども、当時はまだ私なども若手の組でしたから、そのようなところにまでそういった問題が一つもおりてこない。知る人ぞ知るなのかもしれませんけれども、要するに図書館に働くものとしての共通の認識に何一つなっていなかった、そのことがとてもショックと言えばショックだったと思います。ですけれども、いろいろ調べていくうちに、――この議事録を後でご覧になるとおわかりのように、相当詳細に笑い声まで、「このとき何とかと叫ぶ者あり」などとやじが入るところまで全部記録されていますから、読めばとてもおもしろいのですけれども――、そこまでやられていることがわずか数年、一〇年までたたないうちにまったく話題にならなくなるというこの世界の不思議さを私はものすごく感じた覚えがあります。このあたりが、やはりお若い方には今一つ理解がいかないのではないかと思います。

塩見

確かにそのような意味での、採択されたけれども……というう、このような時期が一〇年あまり続いていくのですね。それが何だったのか、やはり図書館のやっている日常自身が大変貧しかったということに私は尽きると思います。そう言ってしまって済むかどうかという問題もあるのだけれども。大きな社会的な危機、図書館を押しつぶすかもしれない力に対する危機感のようなことに対しては、――図書館員というのは今も昔も大変私は純粋な人たちが多いと思いますが――、そのようなものには非常に厳しく反応はするのだけれども、では、図書館の日常とどうなのか。中立の議論のときに、官憲が、――当時は官憲という言葉をつかいますが――、官憲が閲覧証を見に来たら見せるか見せないかというような議論が提起されている。これは大変日常的な具体的な問題なのです。しかし、そのことの議論から実践的に考えたらなぜ閲覧証がいるのという話が出てきていいのだけれども、そうはならなかったというあたり、入館証や閲覧証などたくさん名前を書かないことには一冊の本が手に入らないという、この仕組みそのものと図書館の自由とを結びつけて考えるようにはならなかった。このようなところがやはり象徴的かなという感じがする。

一九五四年に採択されて、私が年表で確認する限りでは、一九五六年、一九五九年このあたりの図書館大会で宣言の再確認をしております。一九六六年に富山の村上清造さんという長老が「忘れられたか図書館憲章」（＊1）という文章を書かれている。これは『図書館雑誌』の索引に出てきてタイトルが大変象徴的ですけれども、ある研究集会（＊2）で地方行政資料の扱いをやったときに、例えば自治体の刊行物で自治体にとって不利になるような刊行物を、その町の図書館が提供するということはありうるか、ということが話題になった。そのことに対して誰も異論が出なかったときに、富山からの辻澤與三一さんかと思いますけれども、ある方がやはり図書館というのはそうではないのではないかと言った、それを聞いてほっとしたというものです。これなどが異様に目につく、ずっと並べてみますと図書館の自由は年表の中では大変精彩を放つ発言だと思うのです。

そして、一九六七年に図書館の自由の歴史の中では一つの大きな時機を画すことになったであろう練馬のテレビ事件がある。これも実は森崎さんが大変深くコミットされている件なのだけれども、酒川さんはこの練馬のテレビ事件についてお話していただけますか。

（＊1）『図書館雑誌』六〇巻一号（一九六六年一月号）

（＊2）日本図書館協会公共図書館部会研究集会「地方行政資料の収集と管理」一九六五年九月二九日～一〇月一日　富山市

練馬テレビドラマ事件

酒川　「特別機動捜査隊」という連続テレビドラマがあったのですね、「太陽にほえろ」やあのようなのと同じような。その中で、練馬の図書館を舞台に本に脅迫状か何かが挟まっている、この本を前に借りたのは誰だというようなことから調べていく場面があったわけですね。そのテレビの収録を練馬の図書館を実際に使ってやることになったわけです。当時は一九六七年（昭和四二年）ですから、いくらか図書館が増えてきてはいても、まだまだテレビドラマに図書館が登場することは珍しかったわけです。ですから、そのようなことがあると「どうぞ、どうぞ」と喜んで場所を提供するという風潮があったわけです。これで少し日が当たるというような。

けれども、このシナリオを読んでみたら、前にこの本を借りたのは誰だ、この本を借りた人の住所から氏名からが図書館でわかるとなっている。これはまずいだろうとなりました。図書館ではプライバシーを守るのだ、誰がいつどのような本を読んだというようなことはいっさい公表しないのだと言って、――ちょうどブラウンの貸出しが普及し始めているときですからそのようなことも含めて、テレビ会社の方にシナリオを改訂してほしいという話を持っていったわけです。初めのうちは受けた方もきょとんとするという感じでしょうね。なぜそのようなことを言ってくるのだ、そのようなことはどうだっていいではないか、という話だったのですけれども、何回も話し合ううちに、それでは、そこを改訂しましょうとなって、その部分が消えたという経緯がありました。

塩見　公立図書館で貸出し・資料提供が重要な中心的な活動だということがちょうど意識され出したころなのですね。一九六五年が日野立図書館の開館ですし、その二年前一九六三年が「中小レポート」（＊1）ですから。公立図書館のあるべき姿、サービスをする活動が少し見え出した、そのような部分にいち早く意識的に取り組んだ図書館が練馬区立図書館であっただろうと思います。ですから、そこを舞台にしていまお話しのようなドラマづくりの協力依頼があって、それに協力することは自分たちがやっている日常からするとおかしいのではないか、このように受けとめる図書館員がいたという、これが非常に重要なポイントだと思うのです。

酒川さんが触れられたように、うちの図書館がテレビに出るのだ、それで犯人を捕まえるのだ、名誉だ。ひょっとしたらそのようなことにもなりかねない受けとめ方に対して、今私たちがやっていることはこうこうだ。それを警察官が依頼すると「はい、はい」と協力するという筋立てになっている、そのようなのを天下の人気番組で放送したりすると「何だ、図書館で本を借りるとあんなふうになるのか」と視聴者の人が見るのではないか。これをやはり見逃すわけにいかない。しかし、これを全面的に止めてしまいますと事件が解決しませんから、その時点としては一定の妥協をしたシナリオ修正にならざるを得なかったということです。修正されたドラマを私も見た、その記憶は今でもまだ新鮮に残っています。図書館の日常活動の中に実は自由の問題があるのだと感じることができる図書館員があらわれた、というのが私は一九六七年という時点の重要性だろうと思います。

（＊1）『中小都市における公共図書館の運営』日本図書館協会　一九六三

山口県立図書館蔵書隠匿事件から委員会設置論議へ

塩見

いよいよ一九七〇年代に入って、『市民の図書館』が一九七〇年ですから、資料を提供するという図書館の働きが日常的に広がっていった中で、利用者からの告発という形で問題が顕在化したのが一九七三年の山口県立図書館の蔵書隠匿事件となるわけです。山口の事件そのものについてはいろいろと書かれたレポート等もありますのでここで細かくは触れません。山口県立図書館で数十冊の図書を図書館員の手で書庫にしまい込んだことが利用者の告発によって明るみに出て、図書館界としては反省をせざるを得ないというので、また宣言の再確認をするわけですが、ここで再確認するだけで終わっていいのかということになるわけです。

図書館協会は、かねてから宣言を採択するだけではなしに実行する組織を持たなければだめだということになりながら、結局委員会がつくれない、持てないままに、副文を棚上げしたままずっときているわけです。ここで図書館の自由を扱う専門の委員会を、図書館協会に持たなければいけないと提案した代表者は酒川さんではないですか。直接の代表でなくても運び屋さんの役割はしたことになると思うので、そのあたりのことをお願いします。それで協会としてはそのような委員会を受けとめてつくるのか、つくらないのか、大変な経緯があるわけですが、そのあたりを少しご紹介ください。

委員会の設置論議

酒川　塩見さんのお話のように、いつも窓口がないといざ何かあったときにさあ何かしましょうといってもとても間に合わないだろう。このころは図書館がだんだん増えて利用者が増えてくる。例えば登録率二〇％ということはそこの町の人の五人に一人は図書館を使っているという話になりますね。そうなってくると、やはり図書館に何か事件が起きる、そうすると図書館に警官が来て貸出記録を見せろなどということがある。そのようなときに、ドラマなどで少し黒い手帳などちらっと見せてくると、何かもう協力しないことはいけないのだというような認識が生まれてしまう。ですから、まず、どこにどのような問題が起きているのかを広く図書館として押さえておかなければいけないだろう。それには、常設の、常に窓口として開いている委員会がなくてはだめだろうということになる。そのようなものをぜひつくってくださいという検討のための、――いきなりつくってくださいではなくて――、つくるかどうかを決めるための検討委員会がまずできて、まずそこでさんざん議論になるわけです。今まで協会でもずいぶんいろいろな委員会ができたり消えたりしましたけれども、ここまで慎重にやったことはないわけです。

ところが、常務理事会で話をすると、反応がはっきり言って二つあるわけです。一つは、やはりそのようなことならつくったらどうかと賛成していただける部分。もう一つは、先ほど「キジも鳴かずば撃たれまいに」というのがありました。ちょうどこのとき、同和問題が非常に激烈な時期でした。このような本を買ったのはなぜかと糾弾されるような事件もあちこちで起きている。それと両方が絡むわけですね。せっかく今、図書館が上昇期に差しかかっているる、文部省でもいくらか補助金を増やそうとか図書館にだんだん目を向け始めている、そのときにそのようなことをやって紛糾させることはマイナスであろう。特にこの部落問題というものはなかなか大変なことだから、今は頭をずっと低くして嵐が通り過ぎるのを待つ時期である、したがって、このような委員会などは設けるべきではないというご意見。理屈から言えば「キジも鳴かずば撃たれまい」と同じことなのですけれども。そのような議論というのが盛んにされました。

そのような中で話を聞いてみると、例えば特に部落問題などで、このような本を持っているのはけしからんと言われてその本を廃棄したとか、あるいはそのような本の指摘された箇所を墨で塗りつぶしたなどといろいろな事例が出てくるわけです。それから、このような本は買ってはいけないだろう、と買う段階で自主規制をする、役所から何か文句を言われたら困るからと館長がそれを認めない、などの事例がたくさんあるわけです。ですから、山口県の問題はまったく氷山の一角でしかないのだとだんだん常務理事などに理解いただいて、やっと正式の委員会を設置しようというところまで行きました。それに約一年かかっているわけですけれども。

ただ、そのときにも、先ほど名称の話が出ましたけれども、「図書館の自由に関する調査委員会」という名前になるのです。「調査」です。私は今でも記憶しているのですが、常務理事会で最初にそれが決まったときに、「よく意識しておいてください。どこまでも調査委員会なのですよ。実際に動くんじゃないんですよ」と言われたのです。実際に動かない委員会などないだろうと思ったのですけれども、そこでそのようなことを言い出しても、せっかくつくるところまでいったので、つくってしまえばこちらのものだという気もありましたから、「そうですか」というのでやった。つまり「調査をする、調べる、お勉強をするのはいいよ。だけれども、それを実際の問題としていろいろ対応するとか動くとか、そこまではうんとは言っていないよ」というような含みがそのときにはあったように思います。そのことと、実際につくらなければだめだという私どもの趣旨とはまったく違うわけですけれども、そのような中でやっと委員会ができていった。

このころはまだ図書館の自由の委員会などというと、「図書館は何をやってもいいのか、図書館は勝手に何でもやれるのだな」というような見方をする方もいらっしゃいましたし、そのような点では「図書館の自由」という言い方が悪いなどと言われたりもしました。それから、図書館員の中にも、なぜそのようなことを小やかましく言わなくてはいけないのだということなどもありました。一方で、先ほどお話があったように、貸出しが伸びていく。貸出しをいかに簡略的にやっていくか、いちいち住所、氏名、年齢、職業など書かなくても本が借りられるようにする、そのことが実は利用者にとってプラスになっていく、という考え方と図書館の自由とが常に表裏一体になって理解されるようになるまでには、やはりまだ少し時間がかかった時期かなとも思います。

塩見　委員会が誕生する直前の状況をお話しいただきました。今の話を聞きながら一点だけ、私自身が少しそこは違うなと思った箇所があり、多分これは私の方が正しいと思います。設置の検討委員会のところですが、部落問題で「キジも鳴かずば」というように論理がつながることではなくて、一九七〇年の初めごろというのは、いわゆる部落解放運動が分裂といいますか、運動自体に対立があって、――それが端的に言うとどちらの本をどうするこうするという問題にもつながるわけですが――、図書館現場、特に被差別部落をサービス圏域に抱えたような図書館などでは、その図書評価の問題は図書選択の問題なども含めて非常に日常的にこれが紛糾し、吹き出していた時期なのです。ですから、今この時期に図書館の自由を図書館協会が真正面から委員会までつくって取り組むということは、この部落問題における対立、――それはAという本を、例えば部落問題研究所の本を入れるか入れないか、部落解放研究所の本を置くのか置かないのかという――、この問題に真正面から向き合うことになるのだ。図書館協会の今の力量でそのようなことができるのかどうなのか。これは下手をするとその問題で図書館協会が吹っ飛んでしまうかもしれない。これは亡くなったメンバーの一人であった浪江虔さんなどがそのようなことをおっしゃったのを私はよく覚えています。

だから、部落問題をそっと触れずにいこうという話ではなくて、部落問題に向き合わざるを得なくなるのがこの図書館の自由という問題です。その中で、あえてそれを委員会設置でいくかいかないか、いかないほうがいいという論理で出たのではなく、そのような危惧のようなものが非常に強く出た。その中からどう落ちついていくかというところが、例えば名称が「調査委員会」になったということもあるし、委員会の役割、規定などをつくったのもやはりその辺に出ています。慎重になった要素はそのような側面だったと思います。ですから、発足する委員会が、常務理事の中で別に格段この問題に熱心だったというわけではないですけれども、森耕一さんが委員長になって関西でその委員会の主力を立ち上げるというのも、やはり部落問題の図書館の中における日常化の状況があって、関西を軸にしてまず動き出しているわけです。関東にも関東地区小委員会をつくりますけれども。多分このように言ったほうが正確だろうと思うので。

宣言の改訂

塩見

いよいよ一九七五年から委員会が活動をスタートさせます。一九七四年一一月に理事、評議員の合同役員会で設置が承認された。委員会が最初に手がけたのが棚上げだった副文を何とか生き返らせよう、そのためには副文の書きかえが必要だということで、副文案を公表して議論した。このあたりは『図書館雑誌』一〇月号に石塚さんが「自由宣言一九七九年改訂と残された課題」として書いていらっしゃいます。そのような議論を重ねている中でやはり主文自身に手直しが必要だということになり、主文を含めた宣言改訂に入っていく。これが一次案、二次案という形で出されて、これは石塚さんも書かれているように大変な民主的手続で、たくさんの人が議論を出してくれて、それをもとにして文章の手直しをし、またそれを公表し公開の討論にかけるという、図書館界ではこれまでになかったていねいな手順を踏んで、宣言一九七九年改訂はなっていったと思います。

一九七九年改訂の特徴

塩見

一九七九年改訂が従来の一九五四年宣言と決定的に違うところ、一九七九年改訂における案文をめぐっては相当な意見の激論がありました。端的に言いますと「人権・プライバシーを侵害するもの」で制限することがあるというところで、このようなことを含んだ自由宣言というのは何だ、このようなものがあったら自由に関する宣言などと違うのだというようなこともいろいろありました。このあたりを含めて一九七九年改訂の特徴点は何であったのか、石塚さんにお話をいただきます。

人権またはプライバシーを侵害するもの

石塚　宣言そのものは皆さんよくご承知のとおりのものですので、あまり申し上げるようなこともないのですけれども、一つさきの一九五四年宣言との違いということになれば、一つは、私が『図書館雑誌』の一〇月号に書きましたように、主語を改めたこと、「図書館員」から「図書館」という機関のものだと改めたことがありますね。もう一つは、先ほどお話にもありましたし、例の練馬テレビ事件でありましたように、利用者のプライバシーを守るということが非常に重要な項目として新たに主文の一つとして取り上げられることになったことがあります。それから、今、塩見さんからご指摘の、資料提供の自由にかかわります「人権またはプライバシーを侵害するもの」という項目を、いわば自由の制約条項のようなものを宣言の中に盛り込むことがどうであるか、これはまた非常に大変な問題であったわけですけれども。当初に、「人権またはプライバシーを侵害するもの」という項目を入れなければならないと考えましたのは、先ほどご指摘にもありましたような部落解放運動とのかかわりです。この宣言の改訂が行われるしばらく前から世間で非常に大きな問題になっておりましたのは「部落地名総鑑」（＊1）の問題であります。これがそれぞれの地域に対する差別を助長する、あるいはそれを拡大することにつながりはしないかと非常に大きな批判を受けていた時期であります。そのような中で、この条項を盛り込まないとやはり改訂時期におきます宣言としては意味をなさない、という言い方は適当ではありませんけれども、少なくともこの時期においてはそのような条項はどうしても必要なのだと委員会としては判断をしたわけです。

ところが、三つの制約条項（＊2）があるのはご存じのとおりですけれども、ほかの二つにつきましては何らかの形でそれを判断する基準を明らかにしているのに対しまして、「人権またはプライバシーを侵害するもの」という項目の中には、誰がどのような基準で人権またはプライバシーを侵害する資料なのかを判断する基準なり、判断する人の問題が何ら示されていないことが、この問題についての最も大きな批判の中心だったわけです。私は何の会合でしたか、これについて一定のこのような形で考えたらどうかと提案したこともあります。それの一部分だけは今度の解説の中に取り入れられているようでありますけれども。一般的な人権またはプライバシーの侵害はあり得ない。人権またはプライバシーの侵害は必ず特定の人を対象にする形のもの、ただし、特定の人を対象にするということは、直接にその人を名指しする場合と、それを間接的な形で示す場合とがありうる、というような形で、判断基準に対して考えたらどうかと提案したことがあります。

しかし、その後いろいろな論議の中で、それだけでは不十分だという批判が非常に多く出てまいりまして、今度の新しい解説では、それについてのより具体的な判断基準なり、判断する権限の問題が示されることになったとお考えいただいてよろしいかと思います。ただ、私はこの問題に関しましては、個人的には、まだこの解説の第二版のだけではやや不十分だと思っておりまして、その点に関しては『図書館雑誌』一〇月号の中に私なりの意見を書いておきましたので、もし興味のあります方はご参照いただいたら結構かと思います。いずれにしましても、当時におきましては「部落地名総鑑」その他の差別図書の問題が非常に大きな社会的な問題として取り上げられている中で、この問題に触れざるを得ないという形でこの項目は盛り込まれた。その後、必ずしもそのような部落解放運動の面ばかりではない場面でこの条項が適用されるような事例がだんだん増えてきているという点では、これが拡大解釈されることになった中で、今度の解説での具体的な指針が示されることになったと受けとめていただいたらよろしいのではないかと思います。

（＊1）差別するために被差別部落の地名を集めて記載した冊子の総称
（＊2）「宣言」第2の副文1に記載されている三項目

憲法によって保障される図書館の自由

塩見
石塚さんがよく指摘される憲法と表現の自由、そこに立脚するものとしての宣言の構想という点で一言触れてください。

石塚
一九五四年宣言では、図書館の自由の根拠を一般的な表現の自由や社会の原則などに置いていたわけでありますけれども、それを一九七九年改訂では、憲法によって保障されている自由の一つであると明確に打ち出したことがあります。これに関しましては、既に解説の中でも触れておりますように最高裁その他におきます判例、その後に出てまいりました判例などにおきましてもその点は確認をされていることでありますので、その点は少なくとも誤ってはいなかったといいましょうか、むしろそれを先取りした内容になっているとご理解いただいたらいいかと思います。

塩見　ありがとうございます。今ご指摘のお話のあったような形で一九七九年改訂がなされるわけです。石塚さんもかなり時間を使ってお話しいただいたように、「人権プライバシーを侵害するもの」というのは、やはりこの一九七九年という時期の改訂としてはこのことがなければならない、あるのがおかしいのではなく、なければならない。そのことによって、一九七九年における部落差別の問題だけではなくさまざまな人権差別の構造が、事実がある、という日本の社会における図書館の自由に関する宣言だということを明らかにするためには、やはりこれは触れないわけにはいかない。そのようなことに触れなくていいような世の中になることを期待しつつ、やはり一九七九年改訂としてはこの条項が必要だという立場を、起草委員会あるいは委員会としてはとったと言えると思います。

ちなみに、この一九七九年改訂がなされた少し前ぐらいの時期の状況としては、差別表現を含む図書の扱いが非常に頻発をしていたという事実があります。『目黒区史』の回収依頼があったのが一九七三年であります。一九七六年には名古屋で「ピノキオ問題」があって、ここでは障害者差別の問題が問われたわけですね。それから、東京府中で三億円の白バイに扮した強奪事件（＊1）があって、あれは結局迷宮入りになってしまったわけですが、やはり三多摩地方をはじめとして各地の図書館に、ある作家の作品とよく似ているというので、そのような作品を読む利用者を調べるということが実際に、これはドラマではなく現実に捜査の上で行われたということがあった。それから一九七〇年前後は学園紛争等を含めて、爆弾をつくって破壊をするという類の事件が頻発し、その爆弾の製造過程で図書館資料が使われた、そのような実際の捜査があちこちであったのです。だから、そのような捜査を受けた図書館がたくさんあった。この辺が、プライバシー問題が主文に取り上げなければならないというようになってきた背景だと思います。

ドラマの上では、先ほど練馬テレビ事件がありましたけれども、森村さんの「凶水系」（＊2）という小説がかなり話題になって、しかも、作家に手紙を出したら作家自身がそれに対して反応してくれたという、このような例でもあったのですね。森村さんは非常に真摯に受けとめてくれ、「全国の図書館がそろって利用者の秘密を守るというなら私も守る。しかし、全部の図書館がそうなっているか」という大変厳しい問いかけをしてくれた上で「でも、やはり作家としては、図書館がそういうことにこだわっていくとすれば、それはわれわれとしてもやっぱり協力をせんといかんだろう。しかし、そう言う以上は、その前に図書館がみんなそのことをちゃんとやっているというぐらいのことをやれよ」という、大変シビアな文章を書いてくれたという非常に貴重な事実もありました。「図書館は利用者の秘密を守る」という第3の主文ができていったことを、そのような状況との絡みの中でぜひご理解いただきたいと思います。

では、しばらく休憩をいただきます。

（＊1）三億円事件　一九六八年一二月　『図書館の自由に関する事例33選』一二一～一二八頁

（＊2）森村誠一著。『週刊小説』一九七六年九月一三日号から一九七七年四月一日号に連載　前掲書 一四〇～一四七頁

図書館の自由の社会的評価

塩見　それでは、再開します。公共図書館を中心に図書館活動が一定の進展をした中で自由の問題の顕在化もパラレルに進んでいったわけですが、宣言改訂を一つの大きな転機にして、図書館の自由という概念が図書館以外の人たちによってどう受けとめられたかを押さえておきたいと思います。

『図書館と自由』シリーズの第6集で『図書館の自由に寄せる社会の期待』をつくっております。そこで外の世界の人たち、憲法やマスコミ法など法律の専門家の方などが図書館の自由という概念を専門の立場から一定の評価をしてくださるということがあった。それから、私の中ではかなり特徴的といいますか、重要なポイントだったと思うのは、人権問題、部落問題の対立を図書館がまともにかぶるのではないかと危惧が強かったと先ほども言っているわけですが、そのような世界の中でも図書館の自由とか自由宣言は、人権問題に図書館がかかわっていくときの原則として評価するという見方が出てくるのです。一九七九年以降の非常に重要な動きとして、自由宣言が社会の中で一定の定着を見ていく、自由宣言を包み込む成熟のようなものが

生まれ出したということがあったと思うのですが、石塚さんのほうからそのあたりの流れをご紹介いただけたらと思います。

宣言成立から一九七九年改訂その少し後までのことで、主として三人がいろいろしゃべってきましたけれども、この部分がよくわからない、この部分はどうなのだということをご参加の皆さんからも話していただく、それから、前にいらっしゃる土居さん、井上さんからも今までの話を聞いて、ここを聞きたいという点を出していただき、疑問点をいくらか可能な範囲で解消した上で、後半は今度は横軸のほうから宣言をとらえてみたいと思っています。では、石塚さんお願いいします。

石塚

準備が不十分なのですけれども、この『図書館の自由に寄せる社会の期待』の中に、美作太郎さんが——美作太郎さんというのは、ご承知の方もあろうかと思いますけれども、かつて中央公論の編集にかかわっておられまして、終戦直前、「横浜事件」（＊1）という有名な言論弾圧事件にかかわり、一度投獄されたご経験がある方でありますけれども——、美作太郎さんが東京の日比谷図書館の館報に「読む自由」と題して自由宣言のことを取り上げ、大変今日的な意義の非常に高いものであるとお書きになっておられるものがあります。そのほか、清水英夫さんという青山学院大学法学部の言論法の研究で有名な方でありますとか、あるいは東京都立大の堀部政男さん、この方も主として言論法あるいはプライバシー法などに関しまして有名な方です、それから教育法の側面からは永井憲一さんという方が、それぞれ新聞や法学面の雑誌などで自由宣言のことを取り上げて評価をなさっているものがあります。決して図書館界の内部だけでこの問題が論議され、あるいは評価されてきたものではない、むしろ社会的に一定の評価がされてきているということは、やはり私どもが承知をしておいてよろしいことではなかろうかというように思いました。清水英夫さんが一番初めにお書きになりまして新聞に出ましたものは、前の、一九七九年改訂ではない一九五四年のほうのものについてお書きになりましたものがおそらく一番初めではなかろうかと思っております。

それと今、塩見さんからお話が出ました部落解放。部落解放運動に関係いたします研究者が全国から集まりまして、合宿して論議をする集まりが毎年持たれておりますけれども、——ちょうど私が当時勤めておりました学校の学生部長をしておりまして、この会合に出席したのですけれども——、その席上などでもこの自由宣言に対する評価が非常に高かったということ。これに関しまして、先ほど申しましたように、図書館が提供します資料についての差別的な表現の問題などから、資料を引っ込めろという要求が各地で現場から強かったわけであります。それに対しまして、『長野市史考』の問題（＊2）にかかわります問題がございましたけれども、その中でやはり、一方的に資料の閲覧を制限することは適当ではない、むしろ解放運動のためには逆効果をもたらすという認識が解放同盟の中に生まれてまいりまして、それ以後、解放同盟の差別表現を含みます図書に対する対応の仕方が若干変わってきていることなどもご承知おきいただいてよろしいことではなかろうかと思います。そのように、いろいろな面でこの自由宣言が評価され、もちろん評価されるということは一方的には批判もあるということを当然含んだ形の中で、図書館の自由の問題というのが少しずつでも前進してきていると受けとめていただいてよろしいのではなかろうかと思っている次第でございます。

（＊1）一九四二年
（＊2）一九八〇年『図書館の自由に関する事例33選』七九～八三頁

塩見
ありがとうございました。このあたり、一九七九年改訂宣言を社会がどう受けとめてくれたかということで何かありますか。土居さんはどうですか。公共のことがもっぱら意識をされて、大学と学校ぐらいがやはり基本的に共通だろうな、さて、専門図書館に同じことが言えるかと議論もあった中で、あのような表現で「あらゆる館種に基本的に妥当する」と入れたわけだけれども、学校図書館でどうだということについては、そう詰めた議論を改訂段階ではやったとは記憶しないのです。学校図書館でそれを受けとめられる状況と受けとめなければいけないような状況も出てくるというあたりであなたがこの自由の問題と接点を持つことが出てきたわけだけれども、一九七九年改訂の宣言を学校図書館でどう基本的に妥当すると受けとめるかについて何かありますか。

土居
むしろ質問を用意していたものですから、後でまた。

塩見　それでは、ここまではやや昔話の部分を聞いていただいたのですけれども、このあたりについて何か疑問があればお聞きしたいと思います。井上さん、いかがですか。

子どもの読書法案への懸念

井上　では、私も字面だけですので、何となくわかるようでわからない部分がいくつかあります。『図書館雑誌』一〇月号（「「青少年保護育成条例」と図書館における知的自由」）にも書いたのですけれども、一九五四年の大会で宣言が採択された、その次の一九五五年の大会では青少年の読書指導の徹底と出版物純正浄化を決議するという、まったく反することを決議されている。これは、例えば、子どもの読書推進法（＊1）があって読書推進計画（＊2）を進めるという、これが下手をすると読書の強制につながるのではないかという懸念があるのだけれども、図書館からの批判はあまり聞こえないのと何か似ているかなというのがあります。宣言を採択した後、実践としてはどうだったのか、実現としてはどうだったのか。先ほど酒川さんのお話から、大会の会議録を読むととても熱心に議論されたのに、委員会も設置されなかったしあまり話も出てこなかったという。一九七〇年代は同和問題があったというのはありますけれども、やはり二〇年というその間になぜ委員会を立ち上げなかったか、破防法という大きな枠ではなく足元の子どもたちの読書に関して図書館界が本当に図書館の知的自由というものを考えていたのだろうか、といつも疑問に思うのですが、そのあたりはどうだったのでしょう。

（＊1）子どもの読書活動の推進に関する法律　二〇〇一年一二月公布・施行
（＊2）子どもの読書活動の推進に関する基本的な計画　二〇〇二年八月策定

土居　私の質問はそんなに本質的なことではないのですけれども、この宣言は図書館員としてこのようにしますという宣言なわけですけれども、それはやはり対象として必ず利用者が前にいてのことですね。その利用者に対して、例えば新聞とか、テレビはこのころはそれほどでもなかったかもしれませんけれども、そのようなところに対してこのような宣言を出したのだとPRするとか、または集会を持って利用者に対して呼びかけられるようなことはなさらなかったのか、そのあたりにちょっと興味があります。一九七九年の宣言改訂のほうです。一九五四年のときは「キジも鳴かずば」というようなときだったので、恐る恐るという感じはわかるのですが、かなり積み重ねられて日常的な活動の中で一定の進展をみたというようにおっしゃってできた一九七九年の改訂が、どの程度そのような形で一般の人たちに認識されるような働きをなさったのだろうかというのに興味があります。

塩見

おふたりからそのような質問が出ましたが、ほかに何か皆さんのほうから、一九七九年改訂直後ぐらいまでを時系列でながめた話に対するご質問なり、補足的に補ってほしいというような何かありますか。

宣言採択後の休眠期の状況

藤原明彦（埼玉県立久喜図書館）

この成立趣旨に関しては論文で研究させていただいたこともあるので、いくつか疑問点があったのです。先ほどのお話で、副文が採択されなかった事情というところで、裏田武夫先生が参加されておられて、それで結局副文が検討されないままだったので取り下げられたというような話があったのですが、実は研究したときにそのような文献、書いたものが全然見あたりませんで、こちらのものの中にも裏田先生がそのようなことをおっしゃったという発言は、「議事録はこんなに詳細に書いてある」と先ほどおっしゃったのですが、ちょっとその辺の事情がよくわからなかったので、研究の論文を書いたときには「何で副文がいきなりなくなることになったのだろう」というようなことを書いた覚えがあったので、その辺の事情がもうちょっと知りたい。あと、宣言ができる、改訂されるときの段階というのは、こちらの文を見たり文献を読んでいる限りでは、どちらかというと、ＪＬＡのほうというよりは図問研とか大図研とかのあたりからの突き上げというのが結構あったのではないかというイメージがあるのですけれども、その辺の団体間の違い、熱といいますか、温度の違いというのはどのようなものだったのかというのを聞かせていただけるとありがたいです。

後藤暢（鶴ケ島市図書館協議会）

埼玉の後藤です。図書館協議会委員をしております。私は自分の質問というよりも、井上さんが質問なさったのと同じようなことを私も考えたことがあります。ただ、私はその時代に多少かかわって生きてきましたから、少し違う点はあるのですけれども。私は今何度読み直してもいろいろと教えられるなと思っているのは、この資料（『図書館の自由に関する宣言の成立』）の五四ページから五五ページにかけて掲載されております「灯（ともしび）を消すまい」という中村光雄さんのお書きになった文章なのです。これはいろいろなことに触れられているのですけれども、図書館の自由の宣言が不十分だけれどもやっとできた、けれどもこれを守れるような日本の図書館の現状だろうか、ということに疑問を投げかけている。国民の支持も理解も得られていない今のような図書館で本当に図書館の自由が守れるのだろうか、守れるためにはどのようになったらいいのだろうか、という問題を投げかけておられるわけですね。

それで、この問題に対して日本の図書館はまったく答えようとしてこなかったかというと、現にこのことにかかわった有山さんが事務局長時代にいろいろな試みをしているわけですね。農村モデル図書館もあれば、あるいは叶沢清介さんがPTA母親文庫をやるとか、少しでも国民と図書館を近づけようという試みはしてきた。ただ、それはみんな農村のほうを向いていたのですね。初めて都市のほうを向いたのは六〇年代の「中小レポート」だったと言ってもよいぐらいなのではないだろうかと思うのです。それまでの努力がまったく実を結ばなかったということはないけれども残念ながら日本の大きな流れを変えるまでには至らなかったのに対して、あの「中小レポート」というのはご存じのとおりです。ですから、その違いがどこから起こったのかという問題になりますが、これは今日の話の範囲を超えますから、別のところでご議論いただく必要があると思うのですけれども。

一九五四年宣言と一九七〇年代の日本の図書館の発展との間の、ある意味では空白、場合によってはそれに反する動きも出ているではないかというご指摘もそのとおりです。賛否すれすれで通ったこの図書館の自由の宣言、反対した人の多くは当時の図書館の非常に指導的な立場にいた人たちでしょう。ですから、その後の図書館の動きの中で、そのような人たちの影響が出てくるのは、ある意味では当然なのですね。それにもかかわらずものごとを前に進めようとした努力がどのぐらいあって、しかし、あったけれども実を結ばなかったのか、なぜ「中小レポート」になって初めてそれが花開いたのかというように問題をとらえるべきではないだろうか。そのことを考えるヒントを与えてくれているのが、この中村さんの「灯を消すまい」ではないかというように理解しております。せん越ですが、私の考えを申させていただきました。

塩見

ありがとうございます。後藤さんの発言はご質問ではないわけですが、酒川さん、石塚さん、何かありますか。あるいは、その当事者そのものとして森崎さんは何かありますか。それでは、お願いします。

森崎

私はそのころ図書館問題研究会の仕事ばかりやっていました。朝起きてから夜寝るまでほとんど図書館問題研究会の仕事にかかわっていて、勤務成績も非常に悪かった。でも、そのころはまだ平気な顔をして「おれも図書館のことをやってるんだぞ」という意気込みでした。そのときにいろいろな文章を出すわけですが、一橋大学の堀部さんが「あなたの書いた論文を拝見すると、まあ図書館の人がこんなに一生懸命やっていて、本来だったら、法律学者のほうが先に気がついて理論化して、それでどうだって言うべき仕事を、図書館の人たちが実践の中から考え出してプライバシーだということを言い出したんだ。それを読んだときはハッとしました。こんなに法律学者は遅れてる。これも周囲の情勢のなせる技ですけれど、そんなことは言っておられません。深く感謝します」というはがきをくれたのです。大事なはがき、どこかに行ってしまったのですけれども。それを見まして「あ、図書館も同じだ」と。

まわりの人が、今、後藤さんが言ったように、「中小レポート」が出るまでは図書館全体を発展させるというようなことを、どちらかというとあまり考えないのです。口では言っているのです、しょっちゅう。「そのために予算をたくさんとってこい」とかそのようなことは言うのですけれども、「自分たちの運動が」ということを言ったのは清水正三さんがキーマンなのですね。それで、清水正三さんが何と言ったかというと、「図書館員はまず住民にサービスしなさい。貸出しをうんとしなさい。そうすると、それが市民の意見になって、図書館はいいとこだということになって、それが市長にはね返って、そして市長から何か言ってきたら、それをやってみせる。つまり、サービスが先だよ」という話をしてくれたので、そのころから、その論理がわかるようになってきてから、図書館の自由ということはとても大事なことなのだということに気がついてきたわけです。

なぜそうなのかというと、自分が先頭を切ってそのようなことを言うのはとんでもない結果になる。首になったり飛ばされたりとんでもない結果になるぞ、と利益誘導型で絶えず強圧をかけられているわけです。これが日本の官庁だったのです。地方自治体もそうですけれども、みんな天皇の官僚なのだと、だから自分勝手なことを言うなということを盛んにいろいろな形で教育するのですね。それが今でも残っていると僕は思いますけれども、あまりこのごろけんかをしなくなったので、よくわかりません。そのようなことを支持してくれた人というのは非常にまじめに強いのです。また、不思議なことに、その人たちは「おれたちはこういうところへ行ってこういうハッパをかけてきたぞ」とか「協力することを誓ってきたぞ」ということはまた言わないのです。言わない日本社会の風潮があるのです。今は違います。今はみんな、ないことも言います。そのような違いがあるというところが非常に日本的です。

それで、森耕一さんが新しい図書館の自由の宣言を決めるときに討議が評議員会でありまして、私も出て、そのときの執行部は関西の森耕一さんをキャップとする委員会なのですが、「前の宣言にはこういう心があって、読む人にその心がわかる、今度の改訂はそこがない。そこがないから、やはりまずいんじゃないですか。前のところを生かしたらどうですか」と言ったら、森耕一さんが珍しく長文の手紙をくれました。これで私も勇気が出ました。「ああ、今日はいいことを言ってくれました。必ず完成させますから」というのをくださったのです。それもまた手紙がどこかに行ってしまって、宝物をみんななくしてしまうのですけれども、そのようなやりとりが内部ではあるのです。

それから、大学図書館問題研究会でもやはり同じようなことがありました。「こんなことを言うと今度はどっかへ飛ばされちゃうからね、ちょっと言えないよ」というような雰囲気がやはりあるのです。天皇の官僚というのは怖いですね。そのような位階勲功がはっきりしているものですから。ということです。

塩見

どうもありがとうございます。井上さんが投げかけた部分については、それ自体、日本の図書館の発展のプロセス、自由の問題だけではない大きな問題に対する、一九五〇年代の後半から一九六〇年代の前半あたりをどう見るかという問題だと思いますけれども、今日はそれ以上ここで踏み込むのは時間的にも無理だと思いますから、一つの大きな研究課題というようにしておきましょう。

土居さんから出た、一九七九年の宣言を世の中に広げることにおいてどのようなことがあったのか、という点については酒川さんからお話しいただけませんか。ポスターの作成などどありましたけれども。

自由宣言の普及活動

酒川　一九七九年のときは森耕一さんが中心になって「図書館の自由に関する宣言」を改訂したということでの研究集会を結構あちらこちらでやった覚えはあります。ただ、それを記者会見をして発表するとか、図書館のさらに外の世界へうんとPRするということはあまりしなかったです。図書館の人たちに対して、内側になりますけれども、そこに対していろいろ話をした覚えはあります。例えば「プライバシーを守る」ということが新しく入るわけです。ところが大きい都市は別としても、小さいところですとカウンターでしょっちゅう本を借りる常連さんなどはみんな顔見知りになるわけでしょう。そうしたら、「今度からあの人と口も聞いちゃいけないのか」とかそのようにとるわけです。だから、そういう問題じゃないんだという話をしなければならない。予約のときにも「あなたの注文したこういう本が来てます」と会社に電話して、会社でその人が席を外していると同僚に「伝えてください」などと言ってしまうのはいけないのだよ、というようなきわめて具体的なことについて研修などでもずいぶん話をした覚えはあります。

ただ、比較的貸出しが活発になっている図書館ではそれが実践の中へ結びついていくわけですけれども、なかなかそれが一般化しない。そして、例えば利用者のほうからも、「図書館は本を選んで並べてるんだろう。それなのに、その本を誰が読もうがそんなことを公表して何が悪い。図書館員よ、もっと自信を持て」などと何か変な理屈で怒られたり、「私はどんな本を読んでるか、誇りを持ってるから、いつどこででも公表してくれ」などと開き直ってしまう利用者がいたり、いろいろおもしろいこともありました。図書館の自由の本当の意味、図書館利用についてのそれぞれの人の持っている基本的な権利・自由、そういったものを図書館は守りますという宣言なのだ、という理解が深まっていくのにはやはりある程度の時間がかかったように思います。

塩見　藤原さんが先ほど言われたのは、この宣言改訂に参加した発言者の母体といいますか、研究団体の取り組みの落差のようなことを聞かれたのかな。裏田さんのことは載っているか載っていないかという事実の問題だから、また別に後であなたにお話しします。

藤原　そうですね。自由委員会ができる際に、JLAに自由委員会設置を要請したという記事が大図研の会報や図問研の会報に載っているという雰囲気がありましたので、そのあたりが気づき始めたのかなと、質問させていただきました。

大図研・図問研の改訂への取り組み

塩見　先ほど酒川さんから触れられた山口の問題を契機にして宣言の再確認、いや宣言の再確認だけではだめだというこ

とで常設委員会を、となった。これは酒川さんからお話しいただいたらいいと思いますが、図問研、大図研などからの声があって、そのようなものを取りまとめる形で協会に申し入れる、このようなことだったですね。実際に一九七九年改訂の二度にわたる改訂案と、それを公表してそれに対していろいろ質問を受け付けてそしてそれを議論して、というその間の検討内容は、起草委員会のあるいは当時の自由委員会の幹事役だった酒井忠志さん（当時は京都府立大学図書館）が非常にていねいにその記録をつくってくれた。これは数十部しか出ていませんからどこにでもある資料ではないですけれども、『全国委員会通信』という冊子なのです。この中に一つ一つの意見とそれをどう検討したかがずっと全部克明に記録が載っていて、これがおそらく一九七九年改訂の中身を見るための第一次か一・五次資料ぐらいのかなり基本的資料なのです。酒井さんがその仕事を非常に意欲的にやられ、酒井さんと石塚さんと私と森さんと四人で一九七九年改訂そのものの文章づくりから小委員会を全部やったのです。その作業の軸を酒井さんがやってくれたから、その関係で大学図書館の人が大図研の場を含めてずいぶんよく意見を出してくれた。その中でたくさん発言したのが、小川徹さんとか何人かの大学図書館関係

者がいるわけですね。

そのような個々人が足場とする世界を持つことによって、そこからどうだと全体としては『図書館雑誌』に公表し、そして協会の会員としての公開討論をやってということを森さんも石塚さんも私も考えました。だから、大図研がグッと表に出てくるのは、多分酒井さんがプラス・アルファの部分として積極的にされた、――大学図書館にはあまりこのような問題が頻発しているわけではない中に、あえて大学図書館問題を考えるための一つのてことしてこの自由の問題を意識的に仕掛けた――という部分があったのだろうなという感じがします。

図問研では、――一九七九年度は私が副委員長で、あのころは「ピノキオ問題」が一方であったりして、これはまたこれでなかなか大変な時期だったけれども――、図問研の場でこの自由宣言の改訂そのものを、例えばかなり大きな検討の場を設けたということはやっていないと思います。大図研のような形の取り組みはしていなかったのではないかなという感じはします。ただ、関心が低かったとかそのような問題ではなかっただろう。多分、図書館協会の場で議論をするという、そのような持っていき方をしていたと思います。酒川さん、そのあたり何かありますか。

酒川　先ほどの練馬のテレビ事件なども、図問研という場で議論が始まるわけですね。そのような点では、図問研を基盤にしていろいろな問題が出されてくる。それを図問研でももちろん論議はするけれども、やはりより広く図書館で共有していこうという形で、さらにそれを協会の場へ持ち出していくというやり方が、どちらかというと、とられていたと思います。

山家篤夫（東京都立中央図書館）　裏田さんと副文の関係については、復刻版『図書館の自由に関する宣言の成立』二六ページ左欄に、有山さんの提案説明と裏田さんの発言が出てくる。そのとき、有山さんが宣言の一体として副文もあるのだと言ったところが、裏田さんが委員としての私は何も関与していないという、そのことを言ってらっしゃるのですね。

塩見　だから、最終的には三人ぐらいの小委員会の人たちでもうやってしまって出したというような説明をするわけけね。それで、委員会のメンバーになっているはずだけれども知らなかったという話があったりして、いずれにせよ、そこはちょっとまだこの段階で議論する対象になるほど煮詰まっていないではないかというようなことで、それだけだったかどうかわかりませんが、副文はそこまで議論がいかなかったということですね。ちょっと横へ置いてしまったのですね。

森崎　この原案自体が通らなくなる恐れがある、今大事なのは原案を通すことだ、そのようなことが縷々論議されたわけです。

宣言改訂以降、事件が頻発

塩見　一応、そのような理解でいいだろうと思います。それでは、時間がなくなってしまうので、最初にイメージしたことから言うと消化不良で終わってしまいそうです。

一九八〇年代、一九九〇年代、この宣言改訂がなされてこの五〇年の後半ということになるわけです。図書館活動が全体として盛んになっていく中で、だからこそ自由の問題がいろいろ顕在化してくる、あるいは見えてくる。そのような状況が出てきて、さまざまな出来事が起きてくる。今日の要綱の中の年表にも大変いろいろな事柄が上がっていると思います。そのようなことの一つ一つを取り上げる余裕はとてもないのですけれども、あえて問題をやや大きなカテゴリーでくくってみると、一つは情報社会の進展というようなこと、コンピュータが図書館業務の日常に入っていき、そこから生ずるプライバシーの問題がある。一番新しくは、つい数日前の三重県立の利用者情報の流出。これはやはりマニュアルで貸出申込書をファイルしている時期には信じられなかったような出来事ですね。そのような類の情報社会とプライバシーということが大きな特徴的な問題としてあるだろう。

それから、少しお話にも出ましたけれども、法律とか裁判とかの世界と図書館の問題が非常にクロスしてくる。東京都立中央の複写事件（＊1）と称される事件、これは宣言改訂の前ですけれども、そのことをきっかけにして、刑訴法第一九七条二項の公務所に対する照会のようなものが、――それまで図書館の人間は誰もそんなことを知らなかったと言っても多分過言ではないと思うのですが――そのようなものが実は図書館の日常と関係がある、それが図書館の自由だというようなことになってきた。実際にそれが『フォーカス』（一九九七年七月九日号）や何かの場合には少年法の問題として、あるいは出版差し止めの裁判所の命令のような格好で出てくる。それから、既に判決という形で富山の事件（＊2）から東大和市（＊3）、あるいは船橋（＊4）というように出ている。アメリカでは、図書館の自由の問題はぼんぼんと裁判になっているわけですけれども、――訴訟社会ですね――日本でも図書館の資料の運用をめぐって判決が出ることになって、法曹界と図書館の関係が非常に緊密な問題になってきたというのが一つの大きな特徴的なことであるだろう。

それから、あえてもう一つあげるとすれば、図書館資料の扱いで問題になるもの、いわゆる「有害図書」と言われるような類のものは、これまで図書館ではあまり扱っていなかった。だから、そのようなものの取り締まりがあったとしても、「いや、元々図書館は持っていないんだから、関係ないんだ」というところがあったのが、今朝話題になったように、『完全自殺マニュアル』、あるいは『タイ買春読本』（＊5）のように図書館で持っていてもおかしくない資料が有害出版物だと規制を受けるように、状況がかなり変わってきた。今まで図書館の人間がほとんど知らなかったものが有害図書になっても、あまり図書館の問題にストレートになってこなかった、このような問題が実はそうではなくなってきたということなのです。

図書館の自由のそのような意味での日常化を、と思ったのですが、残り時間が少なくなってきました。これまで委員会では貸出方式におけるプライバシー保護の決議のような形で提起をしたり、個別の問題でいろいろ対応してきたわけですけれども、今申し上げたような情報社会とプライバシーのところで、現役の委員でもあり、国際図書館連盟（IFLA）などの海外の関係もある井上さんが委員会に参加されて感じられること、あるいは今後に向けてのことをお話しください。

（＊1）警視庁の東京都立中央図書館複写申込書閲覧事件　一九七五年　『図書館の自由に関する事例33選』一四八～一五二頁

（＊2）富山県立図書館の「図録」非公開問題　一九八六年以降　前掲書　六一～六六頁

（＊3）東大和市立図書館が堺通り魔事件を実名報道した『新潮45』（一九九八年三月号）を閲覧禁止した問題　『図書館の自由に関する事例集』一二九～一三六頁

（＊4）船橋市西図書館蔵書廃棄事件　二〇〇二年　前掲書

三二一～四一頁

（＊5）『タイ買春読本』有害指定要求問題　一九九九年　前掲書　一二〇～一二四頁

コンピュータ導入とプライバシー保護

井上　かなり大きな問題をそのような短時間で申し上げるわけにはいかないかと思うのですけれども、やはり一つ大きいのは、情報化社会ということでインターネットがこれだけ拡大したときに、電子化された資料が図書館の建物の中にない。そういった資料・情報が蓄積され、また、例えば携帯を使っての予約であるとかレファレンスであるとか、このようなものがかなり一般的になりつつある時代に現在なっているわけですから、建物という物理的なものがあり、そこに現実の人間がやってきて図書館券を持ってきて貸出しをするというものではなくて、かなりバーチャルな世界に移行しつつある。その中で、今まで蓄積してきたプライバシーをどう守るかという考え方をどのように応用していくかがこれから求められるところではないかと思っています。図書館をめぐる情報・資料であるとかあるいはその個人情報というのが、これからどのように変化していくかはなかなか予想もつかない部分がありますけれども、しかし、基本はやはり図書館という場においてですから、今まで蓄積してきたものが応用できるだろうと期待しています。

塩見　石塚さん、今度書かれた中で、住民基本台帳のこととか個人番号の問題とその扱い、かつて委員会で決めたそのプライバシーの決議のあたりとの関連を少し触れておられます。宣言五〇年というインターバルの中に、情報化と個人を特定する記号化の問題、それから図書館の日常の作業の中にそれを取り込むとか取り込まんとか、ＩＣタグなども出てきたりしていますが、そのあたりについてはいかがでしょうか。

石塚　もうこの年になりますと機械に弱いのであまりその辺のことは正確にはわかりませんけれども、「図書館の自由に関する宣言」の附属文書の一つとして、ご承知のように「貸出業務へのコンピュータ導入に伴う個人情報の保護に関する基準」を協会の総会において議決をしてもらったわけです。これが制定されますきっかけになりましたのは、岡山県鴨方町で住民台帳のコンピュータ化という中で、住民に個別に番号を付けてその住民番号を貸出しの業務に利用しようという動きが出てきた。そのようなことが報道されましたときに、やはりこの問題を放置しておいては図書館利用者のプライバシーが外部に流出するおそれがあると指摘されまして、その結果、どうしてもこのような基準というのを制定しなければいけないという論議になりまして制定されたもの、それが一九八四年五月二五日の議決となっております。

最近の『図書館雑誌』二〇〇四年の八月号でしたか、九月号でしたか、文部省の「霞が関だより」という欄に、新しい住民台帳の住民にそれぞれに配布されますカードの容量の中に、図書館の利用の登録を記録することができると、宣伝なのか何かわかりませんけれども、そのような記事が載せられました。あのような記事がそのまま『図書館雑誌』に掲載されること自体が私にはだいたい、当時この個人情報の保護に関する基準を制定しました立場からいたしますと非常に不本意でありまして、本来あのような記事が出るのならば、当然その同じ号にそれに対する何らかの批判的な記事が併せて載せられてしかるべきだろうと、私などは思っております。そのあたりのところでは、できるだけ早急にこの基準の改訂がむしろ促進されることが必要です。そのような中には当然、『図書館雑誌』二〇〇四年一〇月号の中にも書いておきましたように、インターネットを利用した予約の問題でありますとか、あるいは図書館の集会室利用の申し込み、――各地で集会室利用の申し込みというのはずいぶん機械化されているところが多いようでして、その中に図書館が取り入れられているのがどれぐらいあるのかはまだよく承知をしておりませんけれども――、それらについても調査をした上で、しかるべき対応をこれからの基準の中にはぜひ盛り込んでいただきたいというのが、当時この基準の作成にあたりました私の希望であります。

学校図書館における図書館の自由―資料提供の自由

塩見

もう新しいテーマに広げていくのは不可能なところへ来ているのですが、宣言が「すべての図書館に基本的に妥当する」ということの中での学校図書館の問題を取り上げたい。大学図書館の場合には比較的問題は顕在化しにくいのですね。なぜなら、どのようなものだって研究資料という名目なら、図書館に何があろうが問題はほとんどない、ある意味では問題になりにくい。学校はやはりそうではなくて、この図書館の自由に関する宣言というものを学校図書館はどう受けとめてきたか、あるいはこれからのことも含めて土居さん、ぜひ一言どうでしょう。

土居　私は「すべての図書館に基本的に妥当する」と書いてもらっていることがたいへんありがたいと先ほども申し上げたと思うのですけれども、でも、すごくいろいろ難しい場面が、――特に今午前中の鈴木さんの発表にもありましたけれども、サービスをする主体を欠いているところで――難しい問題がいろいろあると思います。例えば自由委員会におりましたら、このような事件のとき、このようなことがあったらどうしようという対処のようなものが主になるのですけれども、私は図書館の自由というのを学校で考えるときには、事件が起きたりこの本をどうするああするという以前の問題として、すべての子どもたちに知る自由を保障する、そのような場面をどうつくっていくかを優先することで、図書館の自由がすごく生きるなと思ってきました。その結果として一冊一冊をどうするかはもちろん出てくるのですけれども、基本的に毎日しっかりと子どもたちに向き合っていって、知る自由を保障するような資料提供をすることが一番の基本。だから、主体を欠いた学校図書館とか、図書館の自由に理解のない先生が司書教諭として来られた場合には、これからどうなるのか大変困惑も多いと思います。

それから、午前中に鈴木さんが言われたと思うのですけれども、高校と小・中ではやはり違うのではないかというのは、例えば『完全自殺マニュアル』を提供するかしないかというようなときに感じることです。その一冊一冊の問題よりもっと以前に、図書館とはすべての資料要求に応えるところなのだとわかってもらうとか、また、いろいろな資料をきちんと提供することが学校図書館の存在をむしろ確たるものにする、授業の中で資料提供をしていくときに、いろいろな資料がむしろ必要なのだということをいろいろな方に理解していただけるような状況をつくっていかないと、これからまだまだ学校図書館はしんどくなる一方ではないかと感じています。ですから、今回この解説の二版の中では、「子どもへの資料提供」のところなど学校図書館が加わるようなところがいくつかできて、少し強化はされたと思うのですけれども、もう少し学校図書館の現場からいろいろな実践をもとにした解説が入っていくことも必要なのではないかと思っています。

各図書館での図書館の自由への対応組織の必要性

塩見

先ほど展開したいテーマという意味で、法律なり裁判、法曹界と図書館の自由ということでも問題が顕在化し、さらに今後の展開という部分があると申し上げましたが、その部分についてはそれ以上触れる余裕がなくなりました。それから、図書館資料の中に悪書にもなりかねない本が入り出したというあたりの問題についても、井上さんが今度、青少年育成条例のことなどを『図書館雑誌』に書かれているわけですが、これもこれ以上ここで触れることは大変難しい。

宣言採択から二〇年かかって図書館の自由委員会ができ、委員会も三〇年を重ねてきました。この会場にも全国委員会の委員長、あるいは近畿地区、関東地区の小委員会委員長という役割を果たしてきた人たちもいらっしゃる。三〇年間の委員会活動、あるいは図書館活動と図書館の自由という問題を見ていく上では、名古屋の場合にはやはり図書館の中に自由委員会を持っているようなことが、今回の場合などでもその対応に一つ違いがあったのではないかという基調報告もあったような気もします。

図書館の自由をときどき思い出したり危機のときに意識するのではなしに、日常化するためにはそれを具体化する委員会がいる。日図協の委員会の問題だけでなく、各個別の図書館が日常的に対応する組織、各館内の委員会の問題でしょうね。図書館の自由の日常化の課題、それから図書館の自由に関する委員会のこれまでの活動というようなものを振り返ってみてください。酒川さんどうでしょうかね。

神戸少年少女殺傷事件における『フォーカス』問題への対応

酒川

最初にお話ししたいのは、一九九七年に『フォーカス』の事件が起きるわけです（＊1）。神戸の少年が子どもを殺したとする、それが一四歳というまだ少年法を適用される者が加害者であった。そして、『フォーカス』でその子の顔写真が出て問題になるわけです。私はちょうど図書館協会の事務局長をしておりましたけれども、そのときに電話がずっと鳴り続いたわけです。いろいろな図書館からどうしたらいいかという問い合わせの電話だったわけです。図書館の自由というのを今までずっと委員会をつくってやってきても、その中で図書館協会が「こうしなさい」とか「これはこうするべきである」というようなことは言ってこなかったわけですね。言うべきではないという立場をずっととってきていました。それは、それぞれの図書館が図書館の中でその資料に対して責任を持ち、その事件に対して図書館としての責任の中でどう判断をするかということ。「館長がそう言ったからやりましょう」とか「教育委員会からこう言ってきたからやりましょう」ではなくて、図書館として十分検討をしてそれなりの対応をするのが基本だという形でずっと来たのです。事件が大きかったといいますか、非常にショッキングだったことも確かにあるのですけれども、あれほどまでに二日か三日ぐらいほとんど鳴り続けたというような状況は初めて経験したわけです。それを通じて、やはり図書館の自由というものが本当に「誰かがどこかで決めてくれ。こういう大問題なんだから図書館協会が何とかしろ」というような、そのような問題ではないだろうと。少なくともその時点で五〇年近くになるにもかかわらず、まだまだそのような点では本当に図書館員の一人一人がその図書館の中で議論をするという状況にはなっていなかったのだなと。一つには最近の図書館の状況があります。ずっとそのようなことを積み重ねていくような状況がそれぞれの職場の中にない、なくなってきているという状況がある、その反映でもあるわけです。でも、やはりそのようなことは足元を切り崩されるような大変な問題だと私は思いました。

そのときに図書館協会としては、不本意といいますか、一応の見解というのを出しました。この見解を出したことでの批判もたくさんいただいています。それはそれぞれの図書館が考えることであって、図書館協会がそういった見解を出すようなことをするべきではなかったというご批判もたくさんいただきました。私はむしろそのご批判はありがたいご批判だったと思うのですけれども、そのような状況がいま、私たちの周りにはあるという現実をちゃんと踏まえなくてはいけないと思います。

（＊1）『図書館の自由に関する事例集』九二〜一〇四頁

図書館の自由の学習を繰り返し続ける必要性

酒川　ですから、そのような点では、一方で図書館の自由というのはこれだけ、五〇年、少なくとも改訂されてからも二五年たっているわけですが、「今、いちいちそんなこと言わなくたってわかってるじゃないの」ということにはなり得ない。つまり、どんどん図書館の現場の人は変わっているわけですし、そのようなことをきちんとわかっている人もどんどん異動でいなくなるわけですね。そのような状況の中で、少なくとも図書館という場で仕事をする以上は、このようなことはきちんとわかっていなければならないという、図書館の自由の普及というのでしょうか、理解、基本的な学習、そういったことをやはりこれは常に続けざるを得ないのだろう。「もうあれだけ言ったんだから、いいだろう」という状況ではないということです。ですから、そのような意味では恒常的にそのようなことを一方でやっていかなければいけない。研修事業というのは不思議なものでして、はやりすたりがあるのですね。今は著作権なのです。いろいろなところでやっている研修を見るとだいたい著作権なのです。図書館の自由は本当に数えるほどしかないのね。そのようなはやりすたりはあるのですけれども、やはりこれは委員会が相当意識して、図書館の自由というものを本当に一番最初のところからきちんと理解してもらうような学習を一方では続けていく必要があるだろうということです。

それから、図書館の自由というのは、先ほどもお話がありましたように、法律の解釈であるとか関連法とのつながりのようなことになってきますと、どうしても専門化して特化していくわけですね。それで、委員会が、ともするとそのような特化した部分がどんどん肥大していってしまうと、現場の「何、図書館の自由って。そんな面倒くさいものはどうでもいい」のような部分との乖離が大きくなってくるわけですから、そのようなあたりも考えないといけない。一方でそのような特化した研究はもちろん大事だし、それをやらなければいけないのですけれども、それだけでは済まない部分をやはり認識しておかなければいけない。

コンピュータ問題の実態調査を

酒川　コンピュータにかかわって石塚さんが言われたような新しい状況が出てきているけれども、それに対する実態があまり把握されていないのではないかと思うのです。そのようなことをこまめに把握する、実態を調査しておく、そしてその実態をもとにする中で初めて実践的な対応の方向が見つかると思います。表面化しない問題はいっぱいあると思うのです。ですから、それを少しでも掘り起こす努力。この三本がやはりこれはもうきわめて当たり前なことで、今さらわざわざ言うほどのこともない当たり前のことなのですけれども、その当たり前なことが実はやはり委員会にとっては一番大事なことなのではないかなと思っています。

塩見
ありがとうございます。それでは、皆さんの中でこのことだけどうしても言っておきたいというご発言があればどうぞ。

中国でも図書館の自由に関心

後藤
では、時間もありませんから急いで。埼玉の後藤です。七月の末に中国図書館学会の招きで、日本の「図書館員の倫理綱領」について話をするために中国へまいりました。詳しい報告は近く『図書館雑誌』に載せていただこうと思っておりますので、核心部分だけを話します。図書館の自由という問題は今まで中国の図書館にはあまりなじみがないように私は考えていましたし、おそらくそのように見ている方が多かっただろうと思います。ところが、今度行ってみて、どうもそれが少し変わりかけているらしいという確実な感触を得てまいりました。私が用意した、まともに話せばおそらく一時間半ぐらいになりそうなレジュメを、どこを切ってどこを残すかということを向こうの方と相談したときに、これとこれは残してくれと言われたことの一つが図書館の自由とのかかわりの問題でした。そして、話し終わった後、会場から出た質問の一つは「中国にはまだ図書館の自由の宣言に当たるものがないけど、これからどうしたらいいと思うか」という質問でした。もちろんこれは中国の方々で決めてくださいと答えました。
そのほかにもアメリカ図書館協会（ＡＬＡ）の代表も招待されていて、「図書館の権利宣言」とアメリカのコード・オブ・エシックス（＊1）の関係、現実に九・一一以後のアメリカの図書館に起こっていることの生々しい報告もありました。また、台湾、マカオ、香港を代表しての報告もあって、その中で検閲反対にも触れた報告もありました。これは、今までの中国の図書館では議論しにくかったかもしれないようなことを、堂々と議論しようとしているということがよくわかりました。そして別れ際に「今後もし図書館の自由のことについて日本から講師をお願いするとすれば、「どんな方がいるか」というようなことがあって、これはもう皆さんおそらく同じ方の名前をあげるだろうと思われる方の名前を私もあげておきました。来年あたりそのような要請が来るかもしれません。昨日の韓国図書館協会の方のあいさつでは、IFLAのときに日中韓のプレ・セミナーを計画しているという話がありましたし、これからそのようなことが多くなると思います。韓国についてはよく知りませんけれども、少なくとも日本と中国の関係ではこれから図書館の自由という分野が新しく開けてくる可能性がありうるのではないかという気がしますので、たいへん時間のないところ恐縮ですが、一言ご報告しておきたいと思った次第です。ありがとうございました。

（＊1）アメリカ図書館協会の倫理綱領　Code of Ethics of the American Library Association

図書館の自由を貫く気概を

荒木英夫（気仙沼市図書館）

私が自由の問題につきまして関心を持ちました動機は、日本図書館協会の有山事務局長さんが日野市長さんになっておやめになる前の最後に、司書講習に来て申された話の中に、「本を貸したりなんかするのはもちろん図書館の仕事なんだろうけど、将来の問題として、国民なり住民なりがある選択を、何か一つを選択しなきゃならないという問題が必ず起こってくるんだ。それについて資料を集めて提供するというのは、これは非常に重要な問題だけど、これは簡単にできないことなんで、自分の首をかけなければならない場合もあるんで、あなたたちは決しておやめになるときに『大過なく』なんて言葉を使わないでやってくれ」という話がありました。私は非常にこれに関心を持ったのですけれども、たまたま気仙沼である問題が起こりましたものですから、これは一つ職員でやろうではないかというので、賛成と反対との資料を集めてやったのですけれども、行政側と住民側からすごく来まして、大変苦しい立場に置かれました。たまたまそのときに、仙台に石塚先生が確か図書館の倫理綱領か何かの問題で来まして、そのとき質問をしましたら「それはあなたの言うとおりやりなさい」というので元気づけられて乗り切りました。それで、自由の問題は非常に重要だなと思いましたけれども、やはりこのような問題も考えていかなければならないと思うのです。

ところが、先ほど森崎さんも言われたと思うのですけれども、日本人はどうも国民性に悪いところがありまして、建前と本音というのを使い分けるのですね。ですから、自由宣言も建前としては守るのですけれども、実際問題としてはおっかないからやりたくないというところがありますようで。何か図書館の入口のところに自由宣言の名前を書いて、これでいいのだと。小さな問題が起こりましても、これは何とかいいのではないかというのでごまかしているところもあるような気がしまして、それを大変私は心配しているのです。小さなことを見逃さないのが大切ではないかと思っております。そうしますと、今の例えば職員問題になりますと非常にそのようなところが、はっきり言いまして何かなおざりにされているところがあります。専門職というのはもう少し、本を選ぶとか分類したり貸出しするとかだけではなくて、この自由の問題というのは非常に大きな問題だと思いますので、ある意味ではおっかない問題だと思いますから、図書館の職員になるのはそのような問題に必ず対面しなければならないという気持ちのある方がなってほしいと希望しております。

塩見　ありがとうございます。それでは、もう終わりにしていきたいと思いますが、先ほど後藤さんから中国の話が出ました。北京の大会のときに、日本の図書館の自由委員会のことを話せと英語通の人たちから尻をたたかれて、文章をつくってもらって、私がフロアから少し発言したという場面もあるにはあったのですが。アメリカからもっぱら日本は学んできました。そのほかの国についてはこの種の問題はあまり取り上げてこなかった。韓国に二〇年ほど前に行ったときに、図書館憲章というのは図書館の中に掲示物があって「あれ?」と思ったのですが、ちょっとやはり意味合いが違ったように思います。いずれにせよ、あまり他の国の事柄というのは、そう多く取り上げることなくきたと思います。ここでIFLAの動きについて井上さんどうぞ。

世界における図書館の自由の危機
―国境なき図書館の時代

井上　IFLAの中で、九年ぐらい前にやはり国際的な組織の中でこのような図書館の知的自由に関するものと、出版流通に関するものを考える場を設けようということで設けられた委員会FAIFE（情報への自由なアクセスと表現の自由委員会）（＊1）がございます。それはやはり、先ほど言いましたけれども、情報化社会の中で図書館が各国だけでまかなえる時代ではなくなってきたという背景が一つあると思います。国境なき図書館の時代に入ってきているのだと思います。特にヨーロッパがかなり危機感を持っていまして、EUという形で本当に国境がなくなる形になったものですから、その中でさまざまな情報であるとか人の動きが活発になり、やはり貧しい国から富める国の方への人の動きが激しくなってきますすと、それまで「難民だから」と言って受け入れていた国がみんな右翼化し、保守化し、というような形で、情報が自由にあった図書館にかなり圧力がかかってきたという、そういった状態の中で危機感をヨーロッパのほとんどの国が思うようになってきたということ。それから、それがインターネットの中でもやはり圧力として出てきた。その最中にアメリカの九・一一があったので、今度はアメリカの政府の方が、言わば昔のマッカーシズム的な形になってということがありますので、ヨーロッパとアメリカがかなり危機感を覚えて動き出した。

（＊1）International Federation of Library Associations and Institutions／Free Access to Information and Freedom of Expression

日本の役割

井上

ところが、日本のほうはもう既にそれを五〇年間地道にやってきたのですよ、というあたり、積み重ねが少し違うかなと思っております。ですから、そのような意味で、日本が今まで受け入れただけではなくて発信していってもいいかなと思います。ヨーロッパ、アメリカだけではなくて、アジア各国であるとかアフリカであるとか、これから図書館が増えつつあるところに本とかコンピュータだけを置くのではなくて、そこで働く図書館員がどのような使命感を持って仕事をしていくかを伝えていく立場に、おそらく日本はなってきただろうなと思っています。そのための発信の中心地として、委員会が活動していければいいかと思っております。

塩見

土居さん、委員会に参加された一定の期間の活動なども含めて、委員会の中であなた自身が学んだこともあると思いますが、協会の図書館の自由に関する委員会のあり方のようなものについて何かお気づきの点があれば一言お願いできますか。

土居　むしろ要望になるかと思うのですけれども、学校図書館はまだまだこれからが正念場となっていくと思います。酒川さんが言われたように、学習会というようなことを積み重ねて、司書の人も、それから司書教諭の先生にもよくその辺をわかっていただくということが一番かなと思っています。だから、そのような学習会をしようというときに、講師を依頼したり、講師を紹介するようなことを委員会としてやっていただきたいし、学校図書館もずっとこれからも視野に入れてぜひよろしくお願いしたいと思います。

塩見　では、石塚さん、委員会について雑誌にお書きになったことなどもありますけれども、何か一言ありますか。

宣言の主語を「図書館」にした意味の徹底を

石塚　私は一九七九年改訂の中で、『図書館雑誌』にも書きましたように、主語の改訂という部分がはっきり認識されてこなかったという気がいたします。例えば、今日ちょうだいした新聞の切抜きの中でも船橋の図書館ですか、そこの職員が個人で図書の処分をしたというようなことで、そのようなことが成り立つような機関であるというように図書館が外から見られたとするならば、その中では当然自由の問題などというのはあり得ないわけです。やはり組織としてきちんと上司といいますか、中の協議体や協議機関があるならば協議機関を通じ、それの管理者であります館長なりの承認のもとに一定の行動がなされるべきはずのものである。それが、あのような形で問題が生じるという状況を放置したままで図書館の自由の問題を論じても、私はそれこそ空文にすぎないと思います。その点では、一九七九年改訂の主語の部分を「図書館員」から「図書館」に変更したことを、もっと強調していかなければいけないのではなかろうかと思っております。

全体のまとめ

塩見　もう四時二〇分ですから、勝手に運営の責任者の了解を得ずに二〇分も伸ばしてしまいましたので、あともう私の役割は早くやめることしかないので、もう私自身申し上げることはいたしません。宣言五〇年ということで、やはりこの時間の中で一定の流れを押さえつつ、そしてそのような問題に対処する組織のありようについての一定の総括と、今後に向けてのある種の方向づけを見つけ出せないかというのは、やはりちょっと欲張った企画になったのかなという感じがします。

不十分な中ですけれども、「図書館の自由に関する宣言」を日本の図書館界の財産として持つことになったあたり、それが図書館員のある意味での良識とか思いというものの結集だったという部分は、率直に言ってあるわけですね。そのような決意をしつつ、実は日常とそれがやはりつながってなかった。つながってない中で日本の社会のありように対する決意として、危機感の確認として宣言をやったという、これはやはり素晴らしい経験だったと思います。そのことと図書館の日常とが、表と裏とがつながる形で問題になっていくまでになぜそんなにかかったかと、井上さんからの率直な疑問であると同時に、大変重い問いかけでもあります。日本の図書館の一九六〇年代から一九七〇年代、——これはつい一月、二月ほど前、日本図書館文化史研究会のシンポジウムでもテーマに取り上げたことがあるわけですけれども——、一九六〇年代から一九七〇年代の日本の図書館実践の転機、転換をどのようにとらえていくか。なぜ、その前がそんなに長い間眠ったままになったのか。一九五〇年代の終わりごろは、この沈滞を破るもの、この沈滞という、まさに沈滞の象徴として当時図書館の世界が語られていたという、そのようなものを越えていく中で、この自由の問題が実践の中から見えると同時に、ある意味ではやはり実践を方向づけるフィロソフィーでもあったのだろうと思います。

土居さんが学校図書館と自由のつながりを彼女なりにいろいろと探ったというお話がありましたけれども、やはりあらゆる資料をみんなのものとして共通資源にして、そしてそれに誰もがアクセスできるというきわめて民主的な原理原則に携わるのが図書館ですね。ですから、そのようなもののありようというのは、実は例えば学校教育という、どうかすれば一つの価値の注入になりがちな世界に対しても、教育とは何かということを問いかける原理になっているのではないか。学校に図書館の自由をどうなじますかというよりも、図書館の自由という原理が教育というものを変えていくことにもつながっていくのではないか、このような普遍性の課題として図書館の自由の問題というのは、もちろん図書館の中核的な課題であると同時に、いろいろな世界と共有できるテーマだと考えていきたい、いけるはずのものだろうと思ったりします。

酒川さんからは、自由の問題がだんだん研修会のテーマから減ってきたというお話がありました。図書館大会の一五〇〇、一六〇〇名が参加する分科会の中でも、この分科会の参加者数（＊1）は決して多い数ではないと思います。五〇年だからたくさん集まるということにはならないにしても、今の混沌としていろいろなところで閉塞感の漂う図書館の問題を解決していく、打開していこうという時期に、図書館の自由を考える場の集まりとしては決して多くない。このこともやはり、一つの大きな課題だと受けとめていくべきかと思います。委員会の旧メンバーたちが現役のメンバーの方々に、そのような状況の中でのこの重い課題をぜひ発展的に継承していっていただきたいという思いを込めて、委員会のほうにマイクを返したいと思います。皆さん、どうもありがとうございました。

（＊1）四五人

西村　どうもありがとうございました。塩見さんをはじめ壇上の五人の方々、それに午前中の講演者のお二人、どうもありがとうございました。フロアも加わる異例の座談会では、豊富な体験に基づいたお話やご意見を聞くことができて、大変ありがたく思っております。心より感謝いたします。初めて聞く話もあり、自由委員会の今後の活動や、図書館のこれからの取り組みに生かしていくべき内容が多かったと思います。

第二部

図書館と表現の自由

―法学者からみた図書館の自由宣言

図書館の自由に関する宣言60周年記念講演会　より
公益社団法人日本図書館協会図書館の自由委員会主催
開催日　　2015年8月8日
会　場　　日本図書館協会2階研修室

講師

松井茂記（まつい　しげのり）

一九五五年　愛知県生まれ
一九七八年　京都大学法学部卒業
一九八六年　米国・スタンフォード大学ロー・スクール J.S.D.取得
一九九四年　大阪大学法学部教授
二〇〇四年　大阪大学大学院高等司法研究科教授
二〇〇六年　カナダ・ブリティッシュコロンビア大学法科大学院教授

【主な著書】

『司法審査と民主主義』有斐閣　一九九一
『二重の基準論』有斐閣　一九九四
『情報公開法入門』（岩波新書）岩波書店　二〇〇〇
『日本国憲法』第3版　有斐閣　二〇〇七
『性犯罪者から子どもを守る メーガン法の可能性』（中公新書）中央公論社　二〇〇七
『カナダの憲法　多文化主義の国のかたち』岩波書店　二〇一二
『アメリカ憲法入門』第7版　有斐閣　二〇一二
『表現の自由と名誉毀損』有斐閣　二〇一三
『マス・メディアの表現の自由』日本評論社　二〇一三
『マス・メディア法入門』第5版　日本評論社　二〇一三
『図書館と表現の自由』岩波書店　二〇一三
『インターネットの憲法学』新版　岩波書店　二〇一四
など多数

講演

図書館と表現の自由
―法学者からみた図書館の自由宣言

松井　茂記

はじめに

今日はお招きいただき、ありがとうございました。私は、表現の自由を中心として、日本国憲法の研究をしております。従来は、マス・メディアに焦点を当てて、さまざまな表現の自由の問題を検討してきました。その一環として、少年法六一条の少年の氏名推知報道の禁止についても本を書いてきました。その関係で、図書館にも関心は持っていたのですが、図書館に関する問題を包括的に考える余裕はなかなかありませんでした。今回、機会がありまして、図書館を表現の自由の観点からとらえ直してみたらどうかと検討を加え、その成果を岩波さんから出させていただきました。

私はこれまで大学で法律を教えながら、内閣府の情報公開審査会の委員、関西では大阪府、高槻市、豊中市の情報公開審査会の委員をさせていただきまして、地方公共団体の公文書管理や情報公開の問題はそこそこ知ってはいます。でも、図書館における実務については、それほど詳しくは存じ上げていません。そのため、本を書くときにも、これでいいのだろうかといろいろ考えながら執筆させていただきました。ここにおられる皆さんのほうが実務に詳しいだろうと思いますので、本を読まれて「ここは違うんじゃないか」「こういう事例があるんじゃないか」と、いろいろご指摘いただければ、勉強になってよいのではないかと思います。ぜひ皆さんからご意見をいただければありがたいと思っています。

私の主たる問題関心は、図書館を憲法上どのように位置づけたらよいのかということと、図書館を利用する人、つまり利用者の法的な地位、権利をどうとらえたらいいのかということです。とりわけ、図書館に対し、図書館の利用者はどのような表現の自由の権利を有しているのかが、中心的な問題関心です。図書館の自由に関する宣言は、「図書館は、基本的人権のひとつとして知る自由をもつ国民に、資料と施設を提供することをもっとも重要な任務とする」と書いています。これは図書館の役割という観点からとらえられた宣言ですが、利用者の法的な地位あるいは権利という観点から、どこまで利用者が図書館に対して権利を主張できるのかという観点では、従来必ずしも十分な検討が行われてこなかったと思います。

それから船橋西図書館の事件、これは船橋市の司書の方が、自己の政治的見解に基づいて特定の蔵書を廃棄し、その著者の方々から損害賠償を求められた事件です。最高裁判所が損害賠償を認める判断を出しました。この判決は、図書館に所蔵されている図書の著者あるいは出版者にも、図書館に対して何らかの主張できる権利・利益があるのではないかという疑問を提起したわけです。そこで図書館というものを契機にして、それを利用する利用者、それから図書館に所蔵される図書の著者あるいは出版者が、図書館に対してどういう権利を主張することができるのかをもう一度考えてみて、さまざまな図書館の行為を見直してみたわけです。

特に私の問題関心の契機となりましたのは、神戸の連続児童殺害事件加害少年の顔写真が入った週刊誌の取り扱いをめぐって、各地の図書館でいっせいに閲覧禁止や閲覧制限が行われた事件です。私は少年法の氏名推知報道の禁止規定に以前からかなり大きな疑問を持っていましたので、その一環として、図書館がこのような利用制限措置をとるのがいいかどうかを疑問に思って、本の中でも少し触れてみました。その後、さまざまな、似たような事例が起きまして、今年は、神戸の連続児童殺害事件の少年Aの著書をめぐって図書館の扱いが再び争点になっています。

こういった事例をふまえて、今日は、図書館における図書の利用制限措置、これがどういう場合に、どういう理由で正当化されるのかを考えてみたいと思います。図書館に関する私の本の中では、もっといろいろな事例に触れています。図書館はホームレスの方を排除することができるのか、収集においてどういう基準で図書の選択ができるのか、図書館がインターネットにアクセスできる端末を置いたときに、その中にフィルタリング・ソフトを入れることができるのか、などいろいろな問題があります。皆さんそれぞれの立場で頭を悩ませておられた、あるいは頭を悩ませておられる問題ではないかと思います。でも、多くの皆さんにとっておそらく一番難しい問題は、この「利用制限」ではないかと思います。そこで、今日は、この中心的な論点に焦点をあてて、私の基本的な考え方をご紹介し、ぜひ皆さんからのご意見をうかがいたいなと思います。

もちろん、利用制限といいましてもいろいろなものがあって、開架書架から書庫に移して請求がない限り図書を利用させない措置もあります。これは、どういう図書を開架書架に置いて一般の利用に供する必要があるのかという問題を提起します。しかも、書庫に置いたときにも、請求があればいつでも本を持ってくるというケースもあるし、特別な許可がないと、あるいは特別な基準を満たさないと本を提供しないというケースもあります。また、しばらくの間図書の利用を停止する措置もありますし、さらにいっさいの利用を認めない利用禁止措置もあります。こういったものを含めて図書の利用制限と私はとらえていますが、こういった自由に図書を利用させるのではないさまざまな措置が、どういった場合に正当化されるのか、それはどのような枠組みで判断されるべきなのかを考えてみたいと思います。

図書館の利用者および著者・出版者の権利

この問題を考える際にまず考えなければならないことは、図書館と表現の自由の関係、つまり図書館を利用する人、利用者あるいは著者・出版者が表現の自由のもとでどういう権利を持っているのかです。

図書館の自由宣言の基本的な考え方は、利用者は知る自由を持っていて、図書館はその知る自由に仕える組織なのだということですが、もう少し踏み込んで考えてみる必要があるかなと思います。利用者の立場からすると、図書館に「ある本を買ってくれ」と法的に要求することは難しいと思います。国立国会図書館の場合はすべての図書を収集することになっていますが、通常の公立図書館には予算の制約も書架の制限もありますから、どういう図書を買うかはある程度裁量に基づいて選択せざるを得ないわけです。ですから、利用者が図書館に対してある特定の本を買ってくれと言い、買わなかったことが違法だといって訴訟で争うことは非常に難しいと思います。

ですが、図書館が収集して利用に供している本についてであれば、利用者はそれを自由に利用できることが許されるべきです。したがって、もしそこに何らかの制約が課された場合には、それは利用者の権利の侵害になりうるのではないかと思います。ですから、利用者の権利というのは、あくまで図書館が図書を購入して、利用に供していることを前提にした権利なのです。同じことは著者や出版者についてもいえるのではないかと思います。従来、図書館が購入している本の著者や出版者の権利には考えが回らなかったのですが、先ほどの最高裁判所の判決を見ると著者や出版者も一定の権利があるのではないかと思われます。

この問題を考えるときに、アメリカの事例との対比で言うと、図書館がパブリックフォーラムなのかどうかがとても重要な論点になっています。パブリックフォーラムとは「公共のひろば」という意味です。公道や公園は古典的、伝統的なパブリックフォーラムです。日本の最高裁判所は、道路は通行するためのもので、公園は憩いのためのものだと考えている節がありますが、アメリカでは通常、道路とはコミュニケーションの場所で、公園もコミュニケーションの場所なのです。通行や憩いではなくコミュニケーションが本来的な役割なので、道路や公園では誰でも好きなように表現することができるべきだと考えられてきたわけです。市民会館や公民館や公会堂のように地方公共団体や国がつくった表現のための施設は、限定的なパブリックフォーラムといいます。地方公共団体や国にはそういう施設をつくる義務はありません。しかし、つくって誰にでも利用させせたら、不当に利用者を排除することはできません。これは日本でも「公の施設」について地方自治法上、明記されているところです。正当な理由がない限りは利用を拒むことができないし、差別的に利用を拒んではいけない。だから、つくられて開かれている以上は誰でも自由に利用することができる。これが限定的パブリックフォーラムです。この二つがパブリックフォーラムで、それ以外のものはパブリックフォーラムとはいえない場所です。

この場所の違いというものが、アメリカでは表現行為の許される限界を考えるときにとても大きな役割を果たしていて、「では図書館はどれだろうか」がずっと大きな問題になってきたわけです。アメリカの裁判所の中で従来有力な考え方は、公立図書館を限定的なパブリックフォーラム、市民会館や公民館のように地方公共団体や国がつくった施設で一般に利用を開いた施設。つくる義務はないけれど、つくって開いた以上は自由に利用が認められるべきだ、とするものでした。アメリカの連邦最高裁判所は、どうやら図書館をパブリックフォーラムと見ることに否定的な立場を示唆していますが、はっきりとはしていません。でも少なくともアメリカでは、図書の利用制限が恣意的で不当な場合には、利用者の表現の自由の侵害となることは依然として認められていると思います。このことは、図書館は依然としてパブリックフォーラムとしての性格を認められていると言ってもいいかもしれません。

日本では、パブリックフォーラムかどうかという議論は一般的ではありません。裁判所でもパブリックフォーラムかどうかという議論は一般的にされていないので、皆さんの中にもパブリックフォーラムって何だろうと思われる方がおられるかもしれません。でも、図書館がパブリックフォーラムに当たるかどうかによって、図書館の利用者および図書館で提供される図書の著者・出版者の権利義務にとって、非常に大きな違いが生じるものと思います。

私は、日本でも基本的には公立図書館は限定的なパブリックフォーラムととらえるべきではないかと思っています。地方自治法上も「公の施設」なので、合理的な理由のない利用の拒否も差別も禁止されていますから、つくって開いた以上は誰でも自由に利用されるべきものですが、ただ単に地方自治法上そうだというだけではなく、憲法上、誰もが自由に利用する権利を持っていると考えるべきではないでしょうか。

もし図書館が蔵書について利用制限措置をとったときには、それは利用者の権利およびその図書の著者・出版者の権利の侵害になります。したがって、利用者および著者・出版者には、それを争うことができると考えるべきではないかと思います。そう考えることができるとすると、図書館の行為にも一定の憲法上の制約があるということになります。そして憲法上の基準を満たさないで行われた図書の利用制限措置は、利用者および著者・出版者の権利を侵害し、それゆえ憲法違反といわざるを得ません。

しかも、もし図書館がパブリックフォーラムだとすれば、そこではどのような本にでも自由にアクセスできるべきです。そうしますと、図書の収集についても、一定の憲法上の制約があると見るべきではないでしょうか。図書の収集は基本的には図書館の裁量ですが、収集の決定は、何らかの基準に基づいて行われるべきだと思います。図書館はすべての図書を購入する義務はありませんが、一定の方針に基づいて図書を購入しなければなりません。ただし、特定の見解や表現内容を理由とする収集の拒否は原則として許されないと考えるべきです。「本の内容が偏っている」とか「本のとっている見解が間違っている」という理由で、特定の本の収集を拒否するのは恣意的なのではないかと思うのです。つまり、利用者に提供するのを拒否するために収集を拒否することには、憲法上の制約が及ぶと考えるべきだと思うのです。

さらに、蔵書の利用制限措置をとる場合にも、どのような措置をとるのかには一定の制約が認められるべきです。図書の利用制限の方法には、先ほど申しましたように、書庫入れから利用禁止までさまざまです。このとき、どのような場合に利用制限が正当化されるのかが一番の争点なのですが、同時に利用制限をするときに必要最小限度の措置をとる義務があるのか、それともどのような措置をとるのかは図書館の裁量なのかという問題が残されています。裁判所で争われた事例では、利用制限措置をとるときに図書館の裁量が非常に広く認められているので、「最小限度の措置である必要はない」とされているのですが、もし利用者に利用の権利が認められるとすると、必要最小限度の措置をとるべきだと私は思います。どうしても利用を制限する必要があるのだとしたら、その目的を達成するために必要な最小限度の措置をとって、それ以上の措置は正当化されないのではないでしょうか。

どのような場合に図書の利用制限措置が認められるか

では、どのような場合に図書の利用制限措置が正当化されうるでしょうか。

表現の自由の観点からいうと、利用制限措置についても、二つの異なった類型を区別することが必要です。一つは表現内容に基づく利用制限措置で、もう一つは表現内容中立的な利用制限措置です。表現内容中立的な利用制限措置には、比較的問題は少ないと思われます。例えば非常に毀れやすい古書とか貴重書、非常に高額な書籍といったものには、特別のケアが必要ですから、特別な場合でなければ利用を認めないといった制限措置が当然考えられます。

これに対して表現内容に基づく利用制限措置、例えば図書の中身がわいせつである、児童ポルノである、名誉あるいはプライバシーを侵害する、少年法六一条に違反する、著作権を侵害する図書である等さまざまな類型がありますが、すべて図書の中身が問題になっています。表現内容に基づく利用制限措置は、原則として許されないという立場を前提にして考えないといけないと思っています。図書館がいったん購入して提供している図書は、原則として誰でも自由に利用できるべきです。したがって、その利用を制限するためには、きわめて例外的な理由が必要だと考えるべきです。つまり、利用制限措置は、やむにやまれない理由があるときに、必要不可欠な、あるいは必要最小限なだけに認められる、というのが私の基本的な考え方です。

これはかなり強い立場です。利用者から図書館に「この本の利用を停止してくれ」という申し出があったときに、「基本的に利用停止は認めません」と言う立場を前提とすることになります。きわめて例外的な場合を除いては認めないというのは、ある意味では非常に難しい立場です。「どうしてこんな本を提供するんだ」と強く批判する人が、しばしばおられます。「どうしてもこの本を提供するなら訴えるぞ」とおっしゃる方もおられます。ですから、この基本的立場に立つかどうかが重要な分岐点になるのではないかと思います。「やむにやまれない理由」というのは、「もう禁止しなければしようがない」という理由です。確かに利用を制限したほうがいいかもしれないという事例はあるかもしれません。でもそれだけでは足りないのです。利用を制限しないとどうしようもない理由がある場合だけが、例外的な場合として認められるべきではないかと思います。しかも、既に述べましたように、利用制限措置をとる場合にも、必要最小限度でのみ制限措置が認められます。それゆえ、できれば許可制をとってでも利用を認めるべきで、それでも不十分な場合には一時的に利用を停止することを考え、どうしても仕方がないときにだけ利用の禁止の措置をとるべきだと思います。

利用制限措置には明確な法令上の根拠と明確な基準が必要

もう一つ私が本の中で強調しているのは、どういう場合に本の利用制限措置がとれるのかについて、明確な法令による授権と明確な基準が必要ではないかということです。

多くの公立図書館では利用規則が教員委員会規則で定められていますが、その利用規則の中に利用制限措置が明記されていないケースは少なくないと思われます。利用規則に明記されずに図書館の内規として定められているケースもありますが、内規にもないケースがあります。そういうケースでは、図書館の館長の最終的な判断にすべてが委ねられていると思います。これは客観的にみるとどういう場合に利用制限が認められるのかわからないし、予測がつきません。私は、これはまずいと思います。どういう場合に利用制限措置が認められるのか、あるいは認めなければならないのか、きちんと基準をつくって明文化しておくことが必要です。

それから利用制限措置を決定する手続き、これが定められていることも必要だと思われます。図書を購入するには多くの図書館で選定委員会をつくられて、図書を選定しておられると思います。これに対して利用制限措置については、それを認めるかどうかの委員会のようなものが常設されていて、利用制限をしてほしいという申し出があったときに、きちんとそれを審査する手続きが定められているかどうか。私がインターネットや関係者に聞いて調べた限りでは、はっきりしませんでした。ひょっとしたら皆さんのところではそうした手続きがきちんと定められているのかもしれませんが、手続きがきちんと定められていることと、手続きの定めをふまえて決定が行われるということがとても重要だと思います。往々にして利用制限措置を認めるかを審査する委員会のようなものが設置されていても、最終判断は館長に委ねてしまっていて、委員会が利用制限措置は認めないと判断しても、館長が「いや、利用制限するんだ」と判断すれば制限が認められるようなこともあり得ます。そうしますと、何のために手続きが定められているんだろうという疑問がわいてきます。これは利用制限措置が適切に行われることが裏づけられているか、という観点からとても重要ですので、各図書館でこういう基準と手続きをはっきり定めてほしいと思います。

しかも、利用制限措置の基準は明確であることが必要です。今まで論点となっている事例としては、刑法等によって利用提供が禁止されている図書の場合として、わいせつな表現や児童ポルノがあります。それから名誉毀損やプライバシーの侵害を理由にして損害賠償や差し止めが求められている場合、差別的図書、少年法違反の図書、著作権を侵害する図書、政府や地方公共団体が提供した行政文書に公開すべきではない情報が含まれている場合、そしてこれ以外の場合と、いろいろな場合があるのではないかと思います。

これに対し、これまで示されてきた基準はどうでしょうか。図書館の自由宣言の中では、提供制限がありうる場合として「人権またはプライバシーを侵害するもの」、「わいせつ出版物であるとの判決が確定したもの」、「寄贈または寄託資料のうち寄贈者または寄託者が公開を否とする非公刊資料」があげられていますが、残念なことにこれ以上に具体的な基準のようなものがあげられていません。先ほど触れたいくつかの事例は、これらのどれに当てはまるのかよくわからないものがあります。例えば児童ポルノ、差別的図書、少年法違反の図書、著作権を侵害する図書はどこに当てはまるのでしょうか。やはり、利用制限措置の基準はきちんとそれぞれ明確に定義されていることが必要です。

法律によって提供が禁止されている図書—わいせつな図書および児童ポルノ

利用制限措置が問題となりうる一番の典型例は、刑法等によって利用提供が禁止されている図書の場合です。その典型が、わいせつな図書や児童ポルノです。わいせつな図書については、刑法一七五条が頒布と公然陳列を禁止しています。ですから図書館がわいせつな図書を書架に置いていますと公然陳列に問われる可能性があります。ですから、図書館の関係者が刑法一七五条違反に問われる可能性が残されていることになります。ほとんどの図書館ではエロ本とかエロビデオをお持ちではないでしょうから、実際に図書館関係者が刑法一七五条違反に問われる可能性はあまりないと思いますが、過去にはD・H・ローレンスの『チャタレイ夫人の恋人』の日本語訳版がわいせつ図書に問われて確定した事例もありました。こういう文学作品でもわいせつだと言われる可能性はあります。それから著名な写真家のメイプルソープさんの写真集がわいせつな図書に当たるとして外国からの輸入が認められなかった事例もありました(これは、結局最高裁判所によってわいせつではないと判断されました)。これらの事例を考えますと、写真集や文学作品もわいせつだとされて、きわめて例外的な場合でしょうが、図書館の関係者が刑事責任を問われる可能性もあります。あと、週刊誌にグラビア写真がよく掲載されていますが、厳密にいうとヘアヌードはわいせつなのかもしれません。警察は「ヘアヌードはわいせつではない」と明言したことは一度もありませんし、実際、出版物にヘアヌードを掲載して有罪とされた事例があります。ですから厳密にいうとヘアヌードを載せた週刊誌もわいせつだとされる可能性がまったくないとは言えないのです。そうすると、わいせつな図書についても図書館の関係者が刑事責任を問われる可能性がまったくないとはいえません。これらは法律上提供が禁止されているわけですから、図書館は提供を制限せざるを得ないと思います。

ただ、何がわいせつなのかをどう判断するのかが難しいところで、わいせつの場合は警察が刑法一七五条違反に当たるとして出版者を逮捕し、検察官が起訴して、裁判所がわいせつと認めるとわいせつなんですね。警察、検察がわいせつだとして逮捕、起訴しなければ処罰されないわけです。しかも、警察、検察がわいせつだと考えていたとしても、裁判所がわいせつだと判断しなければ、わいせつだとは限りません。したがって、図書がわいせつであるとする裁判所の確定判決があれば、図書館として利用制限措置をとればいいわけですが、そうでないときに「うーん、これはわいせつかどうか」というのを図書館の職員が見て判断して利用制限措置をとるべきなのかどうかは、難しい論点になるだろうと思います。確定判決があればそれは明らかで、図書館の自由宣言にも確定判決があれば利用制限措置をとっていいと書かれています。でも実際には逮捕、起訴されて確定判決が出るまでに何年かかかりますが、その間は放っておいていいのかというのが悩ましいところです。私はその間、図書館は利用停止措置をとることもやむを得ないのではないかと思っていますが、なかなか悩ましいところです。

児童ポルノの場合も同じような問題があります。児童ポルノの場合には頒布や公然陳列だけでなく提供も法律で禁じられていますから、図書館が児童ポルノを書架に置いて、あるいは請求に応じて児童ポルノを提供すれば、図書館の方の行為が児童ポルノの提供罪にあたる可能性はあります。

刑法一七五条は昔からありますが、児童ポルノ禁止法は途中から制定されました。ですから、制定前に出版された図書類に関してはひょっとしたら図書館に入っているかもしれません。制定以降であれば、提供した人や出版した人が逮捕、起訴されて、裁判所で児童ポルノと確定したものについて利用制限措置をとればいいかもしれませんが、図書館に入っている本を提供することが独自に犯罪となるとすると、児童ポルノ禁止法の制定前に出版された本でも、それを提供していることが罪に問われる可能性があるかもしれません。この場合には確定判決がありません。にもかかわらず、図書館はそれを提供制限する必要があるのかというのが悩ましい問題となります。私は個々の図書館職員の方に写真集が児童ポルノに当たるのかを判断させて、その判断が間違っていたときに法的な責任を問うのは酷なのではないかと思いますので、確定判決があるかあるいは刑法一七五条の例と同じように逮捕、起訴されて刑事事件として問題になっているようなものであれば利用制限措置をとるべきで、それ以外については図書館の責任を問うのは酷だと思います。ただこれはよくわからない点で、図書館でも悩ましい問題として対応されている方がたくさんいらっしゃるかと思います。

法律によって提供が禁止されている図書—名誉毀損およびプライバシーの侵害

次は名誉毀損やプライバシーの侵害となる図書です。これは民事訴訟になるので、わいせつな図書とか児童ポルノの刑法の規定とは少し違うことになります。名誉毀損というのは人の社会的評価が毀損されたことで、プライバシーの侵害というのは、誰にでも知られたくない私的な事柄を公開されたことです。図書館の蔵書の中には名誉毀損やプライバシー侵害を理由として訴訟の対象になっているものがあるのではないかと思います。これも柳美里さんの『石に泳ぐ魚』を含め、さまざまな事例が大きな問題になってきました。

その中で名誉毀損やプライバシー侵害を理由として、図書館を相手に本の提供をやめてほしいという差し止め訴訟が起きて、裁判所が図書館に差し止め命令を出したときは比較的簡単です。図書館は裁判所の命令に従わなければならないのですから、その本の利用制限措置をとらざるを得ません。

ただ日本ではここまで行った事例はありません。今のところ問題となっている事例は、図書の著者あるいは出版者に対して図書の差し止めを求めた事例と損害賠償を求めた事例あるいはその両方を求めた事例がほとんどです。ですからこういった事例では、図書館は厳密に言うと第三者です。

これらの中で一番争点になっているのは差し止めが認められた事例です。法律的に言うと、図書の著者あるいは出版者に対して認められた差し止め命令は図書館を拘束しません。ですから著者や出版者は差し止め命令を受けても、図書館は自由に本を提供できます。したがって利用制限措置の求めに対し、これを拒むことは法的には可能です。ただ差し止めが認められたということは、図書が名誉毀損ないしプライバシーの侵害であって違法であることが認められたということ、侵害の度合いが大きいから差し止めが認められたことを考える必要があります。そうしますと、差し止めが出されていることを知っていて図書館が図書を一般に提供していた場合には、図書館には損害賠償責任が認められる可能性があります。そうしますと、差し止め命令が確定した事例であれば、場合によっては図書館には利用制限措置をとることが認められる可能性があってもいいと思います。

悩ましいのが、損害賠償が認められた事例です。名誉毀損やプライバシー侵害を理由として損害賠償が認められたということは、その図書の出版が違法であったことが裁判所で確定したということです。ただ、その図書を出版したのは違法ですが、その図書を図書館が提供することまで違法だとされたわけではありません。理論的に考えると、本を出した人の行為は違法ですが、それを提供する図書館まで法的責任を問われる筋はないという考え方もあります。これに対して、弁護士さんなどには「出版した本自体が違法なのだから、それを利用に供する図書館も法的責任を問われざるを得ない」という考え方もあります。ここは一番悩ましいところです。私は、自由に利用させるという観点から見ると、損害賠償が認められたときに責任を問われるべきは著者、出版者であり、それを所蔵している図書館ではないのであるから、図書館には提供を制限する正当性はないのではないかと思っています。損害賠償が認められたということはその中の記述が違法であることが確定したわけですから、図書館としても説明文を添付するといった措置をとることは必要ではないかと思いますが、利用の停止とか禁止といった措置までとる必要性はないと思います。ここは弁護士さんたちと考えが分かれるところですが、裁判所の判決はありませんので難しいところです。

以上は訴訟になった場合ですが、弁護士さんの中には、訴訟になっていなくても名誉毀損やプライバシー侵害が明らかであれば図書館は利用制限措置をとるべきだと言う方がおられます。私は、図書館の職員の方にいちいち本の中身をチェックさせて、それが名誉毀損やプライバシー侵害に当たって違法かどうかを判断させて、利用制限措置をとることを求めるのは酷だと思っています。ですから、訴訟にもなっていない事例で、図書館に利用制限措置を求めるのは無理なのではないかと思います。ただこの点も確定はしていません。

差別的図書

しばしば大きな問題になっているのが差別的図書です。差別を助長する図書を撤去してほしいという声はいろいろあります。ピノキオ、ちびくろサンボなど、さまざまな意味で差別を助長するという内容の本について、利用制限措置をとるべきだというクレームが寄せられています。日本には今、差別的図書を規制した法律がありません。ですから差別的な図書自体は違法ではないのです。違法ではない図書に対し、図書館が「妥当でない」という理由で利用制限措置をとることは、私は正当化されないと思っています。

ただ、公立図書館の中には歴史的史料をお持ちの館があります。そうした歴史的資料の中に、被差別部落の所在地を示す資料や特定個人が部落出身者であることを示すものが含まれている場合、これらについては何らかの利用制限措置をとらざるを得ないかなと思っています。ただ、その場合も、部落出身者を示すものがすべて違法だとは限りません。例えば、大阪市長の橋下徹さんが『週刊朝日』の記事で部落出身者だとされて大きく揉めた事件があります。橋下徹さん自身も部落出身者だと認めておられ、大阪市長であり「日本維新の会」の代表という公的な存在ですから、こうした事例も考えますと、部落出身者を示す資料をすべて差別的資料として禁止すべきかというと、少し違うのではないかと思います。部落地名総鑑のように明らかに差別を助長する典型的な資料はわかりやすいのですが、差別的図書として例外的に利用制限措置をとる資料をどう定めるかはなかなか悩ましいところです。

少年法の少年推知報道の禁止規定違反の図書

少年法六一条は、少年事件で対象となった少年の身分を推知できる情報の公開を包括的に禁止しています。ただこの法律では、違反行為に対して何らかの刑罰を加えられていませんし、何らかの制裁措置も加えられていません。ですから、この少年法の規定は戦後一貫して守られてきたわけでありません。ただ神戸の児童連続殺傷事件以降、少年法違反の図書や雑誌について図書館で利用制限措置をとるべきだという声が繰り返されてきています。

図書館の自由宣言からは、少年法六一条違反の図書を図書館が利用制限措置することが正当化されるかどうかがわかりません。少年法六一条は、少年の権利を保障した権利規定だという考え方があります。これに従えば、少年法六一条に違反して出版された図書は人権侵害なので利用制限措置が正当化される可能性があります。ただ、なぜ少年法が六一条で少年の推知報道を禁止しているのかというと、少年はまだ更正の可能性がありますから、少年が立ち直ることを促進するためにこういう推知報道を禁止しているわけです。ですから、これはあくまで刑事政策的な規定であって、少年の権利を保障した規定ではないという考え方もあります。そうすると少年法六一条に違反したからといって、即人権侵害にはならないので、少年法六一条違反の図書の利用制限措置は直ちには正当化されないと思うのです。

長良川の少年による連続リンチ殺人事件という事件で、少年たちを実名に近い仮名で報道した『週刊文春』に少年たちが損害賠償を求めた事件があります。最高裁判所は、一般の人には少年を特定することはできないので少年法に違反するとはいえないとした上で、たとえ「少年法六一条に違反する行為があったからといって、即プライバシー侵害とはいえない」と判断しています。プライバシーの権利の侵害に当たるかどうかは、どういう情報が公開されたのかと、そこに公益がなかったのかを考慮した上でなければ決められないということです。

少年事件には往々にして非常に強い関心を呼ぶ重大な事件が少なくありません。そうすると公共の利益というものが考えられ、少年の名前を公開したとしても公共の利益がある場合にはプライバシーの侵害にはならず、違法ではないのです。そうすると少年法六一条に違反して出版された図書や雑誌でも、違法とはいえないものがあることになります。したがって、少年法六一条に違反して出版されたとはいえ、違法とはいえない図書や雑誌に対して、図書館が利用制限措置をとることは難しいと私は思います。ここは、少年の保護のために利用制限措置を認めるべきだという方と考え方が違うところです。

それ以外の図書

著作権を侵害するような図書についても同じような問題があります。著作権を侵害するような図書を出版した人は、当然著作権侵害を理由に責任を問われざるを得ませんが、その著作権を侵害するような図書を購入して閲覧に供している図書館は、著作権侵害にはならないと私は思います。著作権を侵害するような図書が出版されて、その著者に対して損害賠償や差し止めが求められたとしても、図書館は閲覧に供している限りは、法的に問題はないと思います。ただこれは訴訟でも争われていますので微妙なところです。著作権を侵害する図書に関する利用制限措置は、図書館の自由宣言に明記されていませんので難しいところです。

次に国や地方公共団体から提供された図書の中に、公開すべきでない情報が含まれているときですが、国や地方公共団体から提供された図書に関しては、国や地方公共団体には情報公開法や情報公開条例があり、例外事由に当たる場合以外は、原則として公開する義務があります。しかも例外事由に当たる場合も、情報公開法や情報公開条例自体は公開を禁止したものではありません。そのうえ、請求者が非公開措置を争えば、最終的には訴訟で争うことができるはずなのです。ところが、国や地方公共団体が非公開とされた図書類については、国や地方公共団体から提供されたものについては、図書館はそれに従わなければいけないということになると、情報公開制度の趣旨が覆されることになります。本来、非公開とされるような図書は図書館に置くべきではないと思いますし、こういう理由による利用制限措置は認めないほうがいいと思います。ただ、国立国会図書館の事例を見ますと、国や地方公共団体から提供されたのではなく、別のルートで入ってきた文書の中に、国や地方公共団体の秘密に関するような情報が含まれているケースがあるかもしれませんので、場合によっては例外的に利用制限措置が必要かどうかが法律的な問題になる可能性も残されています。

各地方公共団体の青少年育成条例は、有害図書を青少年に提供することを禁じています。これらの条例を見ますと、「何人も閲覧させてはならない」としているものと、「事業者は閲覧させてはならない」としているものがあります。「事業者」が対象になっている場合は、おそらく本屋さんとかが問題で、公立図書館はその対象にはなっていないと思いますが、「何人も」と書かれている場合には公立図書館にも適用があるかもしれません。適用があるかどうかはまだ確定していません。もし適用があれば、公立図書館は有害図書とされたものを青少年に提供できなくなります。各地方公共団体でどのように扱われているか私は非常に興味がありますが、実際にこれが問題になるケースはあまりないかもしれません。

本の中の記述が間違っている、事実に反しているという理由で利用制限措置をとれるかどうか。例えば理科の実験に関する本の中で、実験の手順あるいは実験に用いる材料に誤りがあって、その記述どおりにした場合には爆発が起こって、実験を行っている人に危害を生じる恐れがあるという事例であれば、何らかの利用制限措置が認められる可能性はあるのではないかと思います。ただ『はだしのゲン』のときのように、日本兵による中国人に対する残虐行為はなかったとか、こういう事実が間違っているといった理由による利用制限措置は問題があると思います。ですから基本的には、事実が間違っているという理由による利用制限措置というのは認めないほうがよいと思っています。図書館の自由宣言もこういった理由による利用制限措置は認めていませんので、もしそういう事例があれば大きな問題になるだろうと思います。

結びに代えて

具体的な事例を交えながら利用制限措置の諸類型を検討してきましたが、皆さんはどのように思われるでしょうか。焦点となる図書と利用制限の理由はそれぞれ違います。二年前は『はだしのゲン』でした。中沢啓治さんが描かれた漫画『はだしのゲン』について、学校図書館での利用を制限すべきだとか排除すべきだとされた主たる理由は、日本兵が中国人の首を斬るといった残虐な描写があること、また日本人や日本兵が中国の女性に対して暴行しているシーンを描いた、青少年にとって妥当でないような表現があるというものでした。ですが本当の理由は…皆さんおわかりだと思います。要は中沢さんの漫画が依って立っている歴史観が間違っている、けしからんというのだと思います。

もしこれが本当の利用制限の理由なのであれば、図書館の利用制限措置は正当化されないと思います。

それから、今話題になっているのは、元少年Aが書いた『絶歌』（太田出版　二〇一五）です。私も日本に帰ってきて昨日、買って読みました。被害者の土師さん等が非常に不快な思いをされているのは事実だと思いますが、私は図書館の利用制限措置を正当化する理由は見当たらないのではないかと思います。

この本の出版を批判される方は、いろいろな理由を挙げられています。一つは、出版によって印税収入が元少年Aに入っていくのがけしからんというものです。しばしば、「アメリカには『サムの息子法』という、自分が犯した犯罪を出版物にしたり、映画化して収入を得ることを禁止してそれを全部徴収する制度があり、日本もそれを導入すべき」という声があります。確かに、アメリカ五〇州のうち四五州ぐらいで「サムの息子法」がありますが、アメリカの連邦最高裁判所はニューヨークの州法に関する事例で「サムの息子法」を憲法違反だと判断しています。他の州でも、裁判で争われたケースではほとんど違憲判決が出ています。「サムの息子法」は法律として残されてはいますが、実際にはほとんどすべて憲法違反の疑いが強いのです

（＊1）。自分が犯した犯罪を自分が書いた著作の中で触れてはいけないというのは、あまりにも広すぎるのです。そしてこれをうまく限定する方法というのが考えにくいのです。確かに印税収入が元少年Aに入ってしまうことに不快な思いをされる方は少なくないかもしれませんが、だからといってこれを徴収する仕組みを作るのは実はなかなか難しいということを知っていただきたいと思います。

（＊1）ニューヨーク州のサムの息子法が一九九一年に連邦最高裁で違憲判決を受けた後、各州で法改正がなされ、その適用対象について、①犯罪の利益の源泉を言論以外のものに拡大すること、②有罪判決を受けた者に限定することなどが定められているが、こうした改正法に対しても、カリフォルニア州のように州最高裁で改めて違憲と判断されたケースもある。（岩本一郎「酒鬼薔薇事件、元少年Aの出版　サムの息子法の過去と現在を考える」http：//wedge.ismedia.jp/articles/-/5153, 2015.7.16）

それから、事前に被害者の家族の同意を得ていないという理由です。実際、今回の出版は被害者の家族に連絡もしないで、いきなり出されたようですが、被害者の家族の同意がない限りは本を出してはいけないという制度はちょっと難しいのではないかと思います。ですから、被害者の家族の同意がないという理由でこの出版を非難することは難しいと思います。

また、元少年Aという名前が使われていることについて、「本を出すなら自分の実名で書けよ」と思う方もいられるかもしれません。実は少年法六一条の規定からすれば、少年の実名を推知する報道は、少年が成人になってからも永遠に違法です。元少年Aも自分の本当の名前を出したら違法なのです。少年法六一条の規定からすれば、出版者も少年法違反に問われる可能性があります。『福田君を殺して何になる』（増田美智子著　インシデンツ　二〇〇九）という本が少し前に問題になりました。少年の死刑が確定したことでほとんどのメディアが実名を出したのですが、法律の条文からいえば例外は認められていません。少年法六一条は少年の実名を出すことを永遠にすべて例外なく違法としています。ですから、私は逆に少年法六一条の規定が広すぎると思っていて、元少年Aは実名を出すべきだったという人の気持ちはわかりますが、法律の上からは元少年Aを責めることはできないのではないのか、というのが悩ましいところです。

被害者の家族の方は、受けた苦痛をもう一度蒸し返されたことが許しがたいと多分思っておられると思います。確かに受けられた苦痛は本当にお気の毒だと思います。ですが、あの本がプライバシーの侵害に当たるかというと、それほどプライベートな情報は含まれていませんでしたし、すべて元少年Aが自分で体験したことですので、それをプライバシーの侵害だというのは少し難しいのではないかと思います。

これについては日本図書館協会も声明を出しましたが、やはり利用制限措置が認められないケースだと思います。

最初に申し上げましたように、あくまで「利用」が大原則です。利用制限措置はあくまで例外的な場合以外は認められません。この考え方ですと、利用制限措置を求める利用者からクレームが来たときに、図書館は毅然として拒否しなければならないということを意味します。逆にいうと、図書館の職員の方々は非常に難しい立場に立たされることになってしまうのではないかと思います。あるいは皆さんの中には「これはちょっと行き過ぎではないか」「あまりにも極端なのではないか」と思われる方もおられるかもしれません。ぜひ皆さんの実務に裏づけられた感想をお聞かせいただければありがたいですし、利用制限措置が認められるべき事例があるのであれば、私も私の考えを微調整して新しく利用制限措置を認めていきたいと思います。具体的な体験に基づくご指摘をいただければ、またぜひ考えてみたいと思っています。

どうも、ご静聴ありがとうございました。（拍手）

対談

山家篤夫（司会進行）

いろいろな示唆と問題提起をいただき、ありがとうございます。このあとは松井先生と塩見昇先生との対談、会場からの質疑を進めて行きます。

図書館の自由の問題は利用者数の増加とパラレル

塩見

先ほどのお話の中でも強調されていましたが、松井先生のご著書『表現の自由と図書館』の序文で、次のように書いていらっしゃいますね。「図書館における図書の収集、管理、廃棄（除籍）やさらには所蔵している図書の利用を憲法の保障する表現の自由の問題と捉えて、図書館の行為には憲法的に限界があるという立場を展開している」（vi頁）。そして、「図書館の利用制限はきわめて例外的な場合を除いては許されるべきではないという立場を展開して」おられます（vii頁）。対談ではそのことをまず取り上げたいと思っていますが、その前に、図書館の自由がいつごろから問題になってきたか、どのような背景があったかを説明します。

宣言採択から六〇年、図書館の現場では、いろんなケースに悩みながら手探りをしてきました。ただし、初めの二〇年ぐらいは宣言があったというだけで横に置いておいた状態で、図書館の自由の問題が問われた事実もなく、顕在化もしませんでした。なぜかと言いますと、松井先生もご存じだと思いますが、私の若い頃も含めて、図書館という場所は「学生が勉強に行くところ」というのが最も一般的な社会的な見方だったからです。実際に、普通の人が昼間から図書館に行って本を借りるという人はあまりいなくて、図書館に行って本を読む、もしくは場所を使って自分の勉強をするというのが大方の図書館の使い方でした。そういう限りでは、図書館にどんな本があるかとか、あるいは利用者が権利として何かを求めるとかいうこと自体が、日常的にはあまりなかったんですね。

配布した資料の裏面にデータを載せています（＊1）が、大まかに言うと、人口一〇〇人当たりの貸出冊数が、一九七〇年ぐらいからぐんと増えていくんですね。つまり、図書館が一般的に利用されるようになっていきます。このように図書館の利用が増えていった時期になって初めて、図書館の自由ということが話題に上るようになります。二〇〇五年に日本図書館協会の図書館の自由委員会が刊行した

『「図書館の自由」に関する文献目録1950―2000』で図書館の自由に関する文献数の推移を追っていくと、一九七〇年以前は一年を通して四件、五件と非常に少なかったのですが、一九七〇年以降はぐんと増えていく貸出冊数と完全にパラレルに増加していきます。具体的に言うと、一九七〇年より前に自由の問題でカリカリしていたのは、私と現在の国立国会図書館の館長である大瀧則忠氏くらいで、他にはまあ一、二人がせいぜいというくらいの状況でしたが、一九七〇年代の中頃になると、文献は八五件、一一〇件と増えていきます。ちなみに、一九七〇年の文献数が二七件と飛びぬけて多くなっている理由は、この年に公明党の「出版妨害事件」があって一時的に話題になったり、東京都教育研究所が運営していた「青少年有三文庫」の蔵書の選定問題があったからです。

（＊1）本書一〇三頁所収

資料の提供制限をどのように規定するのか？図書館法？　教育委員会規則？

塩見

このように、一九七〇年代以降、図書館が国民生活・市民生活の中でかなり使われるようになってくると、図書館の自由が問われるようないろんな場面が出てきます。図書館の現場ではいろいろなケースに否応なく直面し、手探りをしながら、ずいぶんみんな苦労しながら対応してきました。そして、それぞれの図書館での経験をできるだけ共有しようとしてきました。例えば、宣言の中には、提供制限の要件として「人権またはプライバシーを侵害する」という説明がありますが、この説明だけは判断基準がわかりづらいので、もう少し絞り込んで、例えば判決があったとき、あるいは図書館に通知があったとき、というような検討を重ねてきました。

講演の最初の方で、松井先生は、「資料の提供制限は例外的なことなのでうんと絞り込まないといけないが、制限する根拠みたいなものを法律もしくは条例で決めておくべきではないか」とおっしゃいました。法律の中で、図書館ではこういうことはあってはならない、こういう場合はこういう対応が必要だ、と規定するとなると、それは図書館法になります。ただし、日本の図書館法は規制力が弱い法律です。そもそも法律が制定された趣旨として、「図書館は国民の自由な利用に供されるべき」という考え方があり、「図書館を設置するために最小限度の法律事項が必要」ということでこの法律が定められました。つまり、図書館法はもともと「規制」という側面を基本的には持っていません。規制力のない法律を法律と言えるかと思ったりもしますが、そういうふうにできている図書館法というものに、どのような規定を、先生がおっしゃるような要素を盛り込むことができるのでしょうか。

図書館法の他には、地方自治体ごとの規則がありますが、これはたいていの場合は、教育委員会規則で定めています。そうした規則がどのくらいあるかは悉皆調査はできていないのですが、購入・収集については、こういうふうな基準で集めます、ということを多くの自治体で利用者に公開しています。宣言も、収集方針については、成文化して公開するということをかなり強く求めています。これについては、「教育委員会の承認を得ると絶対いいものにはならない」とずいぶん異論もあったのですが、少なくとも、収集方針を利用者が知ることによって、「図書館というのはこういう考え方で資料を集めているんだ、じゃあ、それに対して私たちは私たちの求めをこういうふうに表現したり、求めることができるかな」といった、そういう期待感を広げ、利用者とともに図書館をつくるという「図書館づくり」の運動的側面から考えようということになっています。それに対し、提供の制限に関する規定をつくって公開するという例は少ない状況です。

これらの点をふまえて質問しますと、松井先生がおっしゃるように、図書館法という国のレベルでどんなふうに資料提供制限について規定できるのか。現実的には、教育委員会規則で決めるという方法があると思いますし、提供制限の規則も存在しないわけではないのですが、それで十分なものになりうるのか。あるいは教育委員会規則で提供制限の規定を定めること自体がよいことなのか、をまずお聞きしたいです。

松井　現在の法律の中には、利用者の権利を明記した規定はありません。私は、何らかの形で、利用者が表現の自由なり知る権利を持っていて自由に図書館を利用することができる、ということを法的な権利としてはっきりと書いたほうがよいと思っています。それと同時に、図書館は利用制限措置をとらざるを得ない場合があるとも思います。ですので、利用制限措置をとることがありうるということもきちんと法律、あるいは条例の中に明記するのが望ましいのではないでしょうか。どのような場合に図書館は利用制限措置をとることができるのか、そうした基準をできれば教育委員会規則、せめて図書館の内規として定めて、公開されていることが望ましいのではないでしょうか。そうでなければ、どのような場合に利用停止措置が認められるのか、利用者の立場から予測できません。反対に、図書館の側から言えば、そうした例外的な場合を除いて利用制限措置は認めませんと断ることができます。現状では、図書館がそのようにして断る根拠もはっきりとしていないと思います。

講演の中で触れた元少年Aの本もそうですが、「家族への配慮」といった理由で図書の購入を拒否したり、あるいは閲覧を拒否したりすることが起きないように、基本的には図書館はすべての資料を違法でない限りは提供するということを、はっきりとどこかで確認しておかないとまずいと思うのです。

図書館を利用する人が増えて、図書館の重要性がどんどん膨れてくるに従って、図書館はあらゆる情報を提供する場所ではなく、「ふさわしい」ものだけを提供する場所と期待する人が増えてきて、自分がふさわしくないと思ったものを図書館が提供すると気に入らない、そういう人が増えてきたのではないかと思えて仕方ありません。「この本は気に入らないけど図書館が提供することには反対しない」と誰もが思ってくれればよいのですが、「私はこの本が気に入らないから図書館でも提供すべきでない」と誰もが思ってしまうと、世の中にはいろんな人がいるわけですから、図書館が提供できる本はほとんどなくなってしまいます。そうならないようにするためにも、法律の中で、図書館の役割は、ありとあらゆる本を提供することであると明記するほうが望ましいと思います。図書館の職員にとっても、そうした法律があったほうがよりどころになるのではないでしょうか。

塩見

第一に、法律に利用者の権利を明記することが大切ということですね。法律が難しければ、省令に託したり、図書館ごとの内規を定めるという方法もあるでしょうか。この他にも、自治体の規則、教育委員会規則で利用者の権利を明記することもできると思うのですが、教育委員会がそれを定めるというのは少し問題があるかもしれません。松井先生はどう考えておられますか？

松井

図書館の内規は、おそらく事実上は一種のガイドラインとして位置づけられていると思います。教育委員会規則とは違って内規はガイドラインですから、それに違反したからといっても違法性はないというのが従来の基本的な考え方だと思います。内規はあったほうがよいことは確かですが、法的な拘束力はなくあくまでガイドラインに過ぎないとなると、予測可能性がなくなってしまいます。ですので、利用制限措置を図書館がとるのであれば、どのような場合にしか認められませんという基準が法的に定められている方が望ましいという気がしてなりません。ただし、塩見先生が心配されているように、教育委員会に決定させてよいのかという問題は、確かに悩ましいところだと思います。

図書館法と社会教育法の関係
図書館は「教育機関」か？

塩見　図書館法は教育法の体系の中にあって、上位法としては「社会教育法」、その上位には「教育基本法」があります。社会教育法第一条を見ると、「この法律は、教育基本法の精神に則り」と書いてあります。図書館法では「社会教育法の精神に基づき」と第一条に書かれています。「精神に則り」「精神に基づき」とは一体どういうことなのか、わかるようでよくわかりません。

図書館法の一つ上にある社会教育法は、いわゆる「社会教育の自由」という、国や地方公共団体は社会教育関係団体に干渉してはならない、という理念に基づいています。図書館法制定三〇周年のときにこうしたシンポジウムを開催したのですが（＊1）、そのとき、教育法学関係の方から「社会教育法には社会教育の自由という考え方が法律に出てくるのに（＊2）、図書館法には出てこないのはなぜか」という指摘がありました。

（＊1）シンポジウムは一九七九年一二月八日に開催。記録は、『図書館法研究　図書館法制定30周年記念・図書館法研究シンポジウム』（日本図書館協会　一九八〇）として刊行

（＊2）社会教育法第一二条「国及び地方公共団体は、社会教育関係団体に対し、いかなる方法によつても、不当に統制的支配を及ぼし、又はその事業に干渉を加えてはならない。」

松井先生も講演の中でご指摘されましたが、確かに、図書館法では利用者の自由や権利について何も触れていません。こうした違いについて、社会教育は、戦前は団体が中心でしたが、団体のあり方に対して国家の介入を防ぐことが必要だったのでそうした法律の内容になった、一方、図書館は社会教育団体よりも自由な存在だったからそうした

ことがわざわざ法律に明記されなかったのではないか――、神田修さん（＊1）がこのように発言されています。こうした解釈については個人的には少し疑問もありますが、いずれにせよ、社会教育法では干渉の問題とか自由の規制の問題に触れているが、図書館法ではそういうことはいっさい触れていません。唯一、明快な規制があるとすれば、第一七条で入館料を徴収してはならない、と定めているだけです。「精神に基づき」とあるので、教育基本法なり社会教育法の理念を受ければ、当然、図書館は利用者が自ら進んで学習するために必要な資料を求めるという説明はつくのですが、「精神に基づき」からそこまで受け取っていいのか、そこまでは言っていないという論争も生じます。図書館界では、「精神に基づき」という規定を、図書館のあるべき姿を求めていく中で実態で証明していくという運動論的な観点からとらえてきましたが、「精神に基づき」という法文の使い方から、社会教育法にある社会教育の自由、不当な支配の排除といった、図書館の自由に近いものを引き出すことが妥当なのかどうか、教えていただきたいです。

（＊1）立正大学文学部教授（当時）

松井　法律の条文としては、あまりそうした規定は見たことがありません。

社会教育法というお話が出たので、関連して一つ私から問いかけます。このことは本を書く時に気づいたことですが、図書館＝社会教育機関というとらえ方をされていると同時に（＊1）、図書館での資料の収集は「レクリエーション」の目的でもあると書かれています。つまり、図書館は社会教育機能を果たさなければいけないと期待されていると同時に、収集して提供する資料は社会教育機能に必ずしも直結しなくてもかまわないという遊び心がそこに含まれていて、どちらを重視すべきかという問題が私にはとても悩ましかったです。基本的には、図書館は役に立つかどうかにかかわりなく、ありとあらゆる情報を提供する場所だと考えるべきではないかと個人的には考えていますので、図書館＝教育機関と限定してしまうことには違和感があります。図書館というのは教育に役立つようなものを提供すべきであって、教育に役に立たないものは提供すべきでないとか、ふさわしくないものは提供すべきではないという考え方が一般的にはかなり強くあるのではないかと思っていまして、そうしたジレンマが法律上で解消されていないので、図書館での実務に微妙な影を投げかけているのではないかと思っています。

この問題を考えていくためには、図書館をどのように位置づけるべきなのかが出発点なのかもしれません。戦前の図書館は国民を戦争に駆り出すための教育機関だったわけですが、戦後はそうした過去の反省から、図書館が国民を啓蒙し、そして道徳的にリードしていくといった考え方には囚われていないはずです。しかし、なおも図書館は社会教育機関であって、国民を教育していくための情報を提供する場所だという思いがどこかにあり、やっぱり図書館で提供するにはふさわしくない情報があるという声が出てきてしまうんじゃないかという気がします。

繰り返しになりますが、私は、図書館はありとあらゆる情報を提供することが基本であり、どのような情報を入手し、読み、信じるかは、それは利用者が決めればいいことだと考えています。つまり、図書館がこの情報は適切ではないという判断をして、それを制限するのは妥当ではないと考えています。この点についても、今の法律でははっきりしていない面があります。その点は、確かに塩見先生がおっしゃるとおり、悩ましいところです。

（＊1）社会教育法第九条「図書館及び博物館は、社会教育のための機関とする。」

塩見

松井先生のご指摘のとおり、図書館では存在してはいけない資料は存在しません。もちろん、あらゆるものを一つの図書館で収集する（購入する）ということはできませんが、その図書館の設置の目的や主たる利用者等々を考慮して、可能な範囲で優先度の高いものを収集していきます。そして、そこでの優先度の決定は、表現内容の評価ではないというのが、おおむね図書館界で認められている考え方です。松井先生の本を読んで、われわれが苦労して実践してきたことが法学の分野でも支持してもらえた、と喜んだ人が多いと思います。

図書館の認識については、「本によって受ける好ましくない影響はできるだけ排除しましょう」「影響から守りましょう」というような役割を期待する声は今でもなくなっていません。有名な話ですが、一九〇八年にアメリカ図書館協会の会長に就任したボストウィック（Arthur E. Bostwick）は、「検閲には良い検閲と悪い検閲がある」「読者、特に未熟な若い読者がおかしな著作から悪い影響を受けることがないように守る」「図書館員はそうした検閲者として期待される」と会長就任演説で述べて、しかもそれが民衆に支持されたという出来事がありました。ある意味では、大変穏やかな、牧歌的な時代だと言う人もいますが、そういう時代が確かにありました。一九四〇年代には第二次世界大戦が起こって、検閲・焚書が実際にいろいろな国で起こるようになると、「このようなことは言ってられない」という意識が芽生えてきます。しかし、今もなおこうした考え方は残存していて、図書館は「好ましくない表現から利用者を守る存在」だととらえられています。「教育」というもののとらえ方にもよりますが、これも教育といえば教育です。こうした二つの図書館観は今でも綱引きの状態だと思います。

前者の立場に立てば、講演の中で松井先生がおっしゃったように「図書館にあってはいけない資料なんてない、収集した以上はよほどのことがない限りは提供する」ということになるので、とてもすっきりします。もちろん現場ではそれなりの苦労はありますが。資料の悪影響から利用者を守るという立場で、図書館員が率先して、「これはわいせつである」とか「わいせつではない」とか、「これは差別性がある」とか「差別性はない」とか、そんなふうにあらゆる蔵書について点検できないのは明らかですので、先生のおっしゃるとおりだと思います。

こうした問題が顕在化するきっかけは、多くの場合、利用者からの「こんな本図書館にあっていいんですか」という働きかけです。「教育」とはもともと「悪影響から守ってもらう」ということだけを意味するものではありません。「教育」の本来の意味から言いますと、「その人が持っている可能性を自ら育てていく」、それを「アシストする」のが教育である、という考え方があります。その観点から見ると、松井先生が指摘されたように「教育機関だからガードする・悪影響から守る」ということばかりが強調されるのは、本来はおかしなことだと思います。

社会教育法には図書館＝教育機関という位置づけがはっきり書いてあるので、図書館は社会教育機関であることは間違いありません。そのことをふまえて、私たちは「教育」というもののとらえ方をもっと柔軟にしないといけません。人はいろんなものに触れて、それを取り込んで考えて、そして成長していくものだ、これを助ける役割を持つ教育機関が図書館である――、このように考えていくと、図書館はあらゆる資料がある場所となる。残念ですが、こうした図書館に対する理解は、一般社会の中では十分なコンセンサスを得ているとは言えません。教育機関の図書館には公共図書館だけでなく学校図書館も含まれますが、そこでは「教育的配慮」として「悪影響だから守る」ということが行われやすく、図書館の自由との対立、トラブルが起きやすい構造になっています。

松井

カナダとかアメリカの事例を調べてみると、訴訟になっている事例は学校図書館での資料提供に関するものが多数を占めています。反対に、公立図書館での資料の取り扱いが問題になっているケースは非常に少ないです。なぜ日本では公立図書館でこんなにもめるんだろうと不思議な感じさえします。それはやはり、日本では図書館はふさわしい資料だけを提供する機関であってほしいと期待する人が多いことの表れかもしれません。図書館のあるべき姿についての考え方が、まだ確立してないということなのかもしれません。

宣言の提供制限（利用制限措置）基準の問題点

塩見

ご著書の中で、松井先生は自由宣言の提供制限の説明部分が、「基準」になっていないとご指摘されています。宣言そのものについての松井先生の評価も含めて、その点についてもう少しお話をお聞かせください。

松井

宣言そのものは非常にまっとうな素晴らしいことが書かれていると思います。この内容をさらに展開して、図書館の活動の指針として守っていってほしいと思います。ただし、実際に各図書館での利用制限措置が正当化されるかどうか判断が求められる場合を想定すると、もう少し具体的な基準が書かれているほうが望ましいと思います。ただし、講演の中で触れたように、制限措置が考えられる事例はいろいろありますので、具体的な基準をはっきりと宣言の中に書いてしまうのはなかなか難しいという判断があったのかもしれません。

しかし、図書館としてはせめて内規で具体的な基準を定めておくべきですし、その手続きも整備しておくことが必要だと思っています。会場の皆さんの図書館では、利用制限措置をとるための手続きや基準は定められているのでしょうか。もしかするとそうした基準がないままに行われているのではないかという疑惑も私は抱いているので、この後の質疑で教えてほしいと思っています。また、基準や手続きが整備されてないのであれば、各図書館でぜひ話し合って作成してほしいと思います。

塩見

松井先生が今おっしゃった「手続き」を整備するということですが、確かに、「わいせつ図画」という判決・判断が示されたときには、所蔵する図書館に対してどこかの機関が知らせてくれるわけではないので、気がつかないことが多いと思います。判断が出た場合に、そのことを図書館に告知する手続きが定められているとよいのかもしれません。明確に判決が決まったことには従わないといけませんし、図書館が誤ってそれを提供してしまうと図書館員が過ちを犯してしまうことになります。が、図書館はあらゆるものを公開して使えるようにしていくことを基本線としています。図書館への資料提供制限を求める判決がなければ、どんな資料でも提供すること自体はあっていいはずです。とすると、そういう仕組みのようなものを必要以上に整備するというのは望ましいことなのか、少し疑問も感じます。

松井

利用停止の手続きとしてどんなものが考えられるかというと、例えば、国立国会図書館の場合には、利用停止の申し出があって、その申し出が妥当かどうか審査をして利用停止措置を決めるという手続きが定められています（＊1）。同じように、公立図書館でも、誰かが利用停止措置を求めるのであれば、それが妥当かどうかを誰がどういう基準で判断するのか、明確に決まっていたほうが望ましいと思います。

一方で、図書館の職員が自発的にあるいは恒常的に収集する資料を一つずつチェックして、これが妥当かどうか判断するというのは、職員に過大な負担を負わすことになるので、そういう制度は無理だとも思います。

（＊1）「国立国会図書館資料利用制限措置等に関する内規」（本書一〇七頁所収）

提供制限・利用停止措置において地域性を考慮する必要はないか？

塩見

資料提供制限、利用停止措置の手続きについて考えるとき、必ずしも憲法に照らした原理原則を厳密に適用していくべきかどうかも考えなければならないと思います。例えば『絶歌』の騒動では、「地元だから」という理由で、神戸市や明石市で資料の収集・提供が制限されるということがありました。後者は、図書館ではなく首長が先に立って取り扱いを決定していますので、そうした決定方法は疑問に感じますが、「地元だから」という理由での何らかの制限は現実的にはありうると考えています。

ずいぶん昔になりますが、いわゆる「三億円事件」の報道において、新聞がある人を容疑者として写真入りで報道したところ、結局は誤報だったということがありました。結局、犯人は捕まらなかったわけですが、かなり時間がたってから、ある週刊誌で「あれから一〇年」というような特集があって、再びその人を写真入りで報じました。その後、縁者の方が、「この週刊誌は過去の新聞の誤報が元になっている」「写真を縮刷版からコピーしている」ということで、新聞社に対して「縮刷版の利用を制限してほしい」という申し出をしました。これは裁判所の判決が出ているわけではないのですが、新聞社としても無下には断れないため、全国の図書館に対してコピーの制限などの要請をしたという事例があります（＊1）。これは十分に根拠のある申し出だと思います。その人は誤報によって仕事を失っていまして、やっと終わったと思ったら、一〇年後にまた同じような報道があり、二重三重に被害を受けています。もちろん、新聞の縮刷版そのものは悪書でもなんでもないのですが、二度、三度と重ねてこういう被害を受ける元になったものが縮刷版だとすれば、図書館独自の判断をして、コピーの依頼については断る、あるいは事情を説明した上で資料を提供する、ということもあってよいと思います。

つまり、法律的には問題はなくても、やはり資料提供を配慮せざるを得ないケースはあるということです。さらに言えば、図書館がそうした判断を下した場合には、「この資料についてはこんなふうに提供しています」と積極的に市民に問題提起することによって、資料提供についての利用者の共感を得たり、図書館の理解・判断をアピールすることも必要ではないかと思います。

資料提供の事例ではありませんが、宣言のもう一つの柱、「利用者の秘密を守る」ということについても、地域性という判断があってもよいと思ったケースをご紹介します。岐阜県各務原市で一九八六年八月に少女誘拐事件が起こりました。幸い少女は無事に解放されたのですが、犯人を特定するための捜査の中で、犯人が図書館から借りていた本を少女が覚えていたというドラマチックな展開がありました。事件が起こった地域の周辺の図書館に、その本を借りた人を探したいとマスコミが集中しました（＊2）。

　私は自由委員会のメンバーだったので、各務原市とその周辺の自治体にいろいろと事情を聴きました。各務原市の隣町の町立図書館の館長さんは、取材に対しては「お答えできません」と断ったそうですが、こんなこともおっしゃっています。「もし、あの子がうちの町民だったら同じ対応ができただろうか。今回はもう解放されていて命の危険はなかったけれど、もし捜査中の段階で、災難にあっているのが町の子どもだったら、その本を借りた人の情報は一切お答えできません、と言えなかったかもしれない――。」私はこれを聞いてさもありなん、と思いました。資料提供の話からは逸れてしまいましたが、図書館の自由をめぐる問題の中には、理屈は横に置いておいて、対応しなければならないケースは確実に存在します。そして、そうした問題が一番現場で悩んでいるのではないかと思います。

（＊1）『図書館の自由に関する事例33選』一二一～一二八頁
（＊2）前掲書　一六一～一六五頁

松井
　塩見先生からいま二つの事例をご紹介いただきましたが、まず二つ目の事件については、私は基本的には（地元の図書館であっても）図書館は開示すべきではなく、情報がほしいのであれば警察がきちんと令状をとって捜索・押収すべきだと思います。

　しかし、一つ目の誤報をめぐる事例は判断が難しいところです。当事者に裁判を起こしてもらって差し止め判決があったほうがいいとは思いますが、判決がない段階で、図書館の職員が当事者から事情を聞いて、個別に措置をとるのは大変ではないかと思います。もちろん、何らかの注釈をそえて閲覧を認めることは不可能ではないと思いますが、だからと言って、縮刷版そのものの利用を停止する（閲覧を禁止する）とか、縮刷版のこのページだけ利用を禁止するとか、そうした対応は難しいと思います。

「忘れられる権利」と図書館が所蔵する資料の関係　縮刷版はどうなる?

松井
　塩見先生のお話を聞きながら、より本質的にこの問題を考えてみる必要もあると感じました。まず、この事例をプライバシーの権利との関係で考えてみると、例えば、犯罪者の実名は公共の利害に関する事実なので、罪を犯した時点では実名報道に公益性があるとみなされ、最高裁判決でも適法とされています。しかし、時が経過すると公共性がなくなり、最高裁判決でも、場合によっては実名を報道することを違法とするといっています。こうした判決は、ヨーロッパの司法裁判所で「忘れられる権利」を認める判決を出して、グーグルに対して検索結果を一部削除するように命令した事例と重なります。プライバシーにかかわる情報は、過去のものになって公共性がなくなったときに、利用可能にするのは妥当ではなくなるという考え方があって、ヨーロッパの国々では徐々に広がってきているようです。

では、こうした考え方を図書館にある資料、例えば、縮刷版に当てはめるとどうなるのでしょうか。例えば、図書館に過去に出版した資料があって、その中に過去の犯罪者の実名が掲載されているとします。過去に出版した時点ではその人の実名を知ることには公益性はあったわけですが、現在では公益性はありません。そうした資料が誰でも利用可能である――。プライバシーの権利からみると問題があるのですが、図書館の職員がすべての資料を見直して、この記述は過去のものになっていてもう公共性がないから、何らかの利用停止措置をとるべきかどうかと判断するというのは現実にはかなり難しいと思います。ただし、先ほど触れた「忘れられる権利」のように、現代の考え方では、公共性が失われた情報は公開すべきではない、という声が高まっていることは事実です。縮刷版の問題も含めて、図書館でもこれから同じような問題を抱えていくのかもしれないと思っています。

塩見　そろそろ質疑応答に移らないといけませんが、今の松井先生の問題提起を考えるために、最後にもう一つ事例をご紹介します。一九八六年に、作家の井上ひさしさんの奥さんになる人の隠し撮り写真を掲載した週刊誌について、プライバシー侵害だと訴える裁判がありました。出版社だけでなく、図書館に対しても何らかの禁止的措置を求めたいという訴えがあったのですが、裁判所はそうした訴えに対して有効性はないという判決を下しています（＊1）。当事者と出版社の間でのプライバシー侵害を理由とする賠償や名誉回復措置は認められるとしても、図書館に対して提供制限が裁判所で認められることはない、という判例はもう安定していると感じますので、そうした観点から「忘れられる権利」を検討していく必要もあるのではないでしょうか。

（＊1）『図書館の自由に関する事例33選』一二五頁

質疑応答

山家
本日の講演会には、北海道から沖縄県まで八六人が参加されています。せっかくの機会ですので、三〇分ぐらい時間を延長して続けるということでいかがでしょうか。

（同意の声）

では、会場からのご質問、ご意見をお願いします。

古賀崇（天理大学）
松井先生から、法律などで基準を定めたほうがよいのではないかというお話がありましたが、それを聞いて、公文書管理法を思い出しました。

公文書管理法第一条には、「公文書等が、健全な民主主義の根幹を支える国民共有の知的資源として、主権者である国民が主体的に利用し得るものである」という規定があります。あくまでも国立公文書館の歴史的な公文書に限る法律ではありますが、この条文では利用者の権利が明記されていますし、利用要求が退けられた場合には、異議申し立てをする権利や裁判を起こす権利も利用者は持っている、という形式になっています。こうした公文書管理法の規定を、図書館法にも応用できる余地はあるでしょうか。

松井
公文書管理法と同じような構造を図書館へ応用することは可能だと思います。図書館法は図書館の理念を一般的に定めた内容になっており、「収集・管理・利用・破棄」というように、本は物品扱いされてしまっています。本に対して「国民に提供されるべき情報である」「物ではない」という見方は法律上に明記されていません。このことはもう少し考え直す必要があるのではないでしょうか。公文書管理法も含めて、情報公開法の考え方では、「行政情報は国民みんなのものである」とされています。これと同じように、「図書館で提供される本もみんなのもの」ということが法律ではっきりと示されていることが望ましいと思います。

山家
司会から補足させていただきます。数年前の図書館法改正の衆院審議で民主党議員が「図書館法に表現の自由を保障する機関だという規定を入れたらどうか」という質問をされ、文科大臣は、「図書館を基本的人権である表現の自由を保障する機関とすると、設置・運営を自治体任せにしておけなくなる」旨答弁したことがありました（＊1）。

（＊1）二〇〇八年五月二一日　衆院文部科学委員会

福富洋一郎（横浜市民）

松井先生に利用者の権利が制限されたときの救済について質問させてください。『絶歌』が出版されてすぐ近くの公共図書館にリクエストをしましたら、予約待ち人数が五四番目ぐらいでしたが、なかなか買ってくれません。日本国憲法の第二一条の知る権利、知る自由を私は持っていると思うので、毎日のように図書館に問い合せています。

『絶歌』の神奈川県内の所蔵状況を調べてみると、鎌倉市で三冊、自由に貸していて、座間市でも二冊ありますが、残念ながら所蔵館は増えていません。ある方の調査によると、『絶歌』の所蔵館は全国三〇〇〇館以上のうち合計二〇〇〜三〇〇ぐらいにとどまっています。読みたいという市民がいながら、多くの図書館が委縮して、まわりをきょろきょろしているのが実態だと思います。

私は待ちきれなくなり一冊買って図書館に寄贈しましたが、まだ登録してくれなくて、「ちょっとお待ちください、検討中です」がずっと続いています。予約待ちの人数は五〇〜一〇〇人ぐらいいて、誰もが権利を主張できない状況なので地方裁判所に訴えようかとも思っています。

そこで松井先生にお聞きしたいのが、市民が読みたい本を図書館が読ませてくれない場合、具体的にどうすれば知る自由・知る権利を主張できるのか、テクニック論を含めてアドバイスをいただけないでしょうか。

松井

権利を侵害されたときにどうすればいいかというご質問ですが、最終的には裁判所に訴えるしかありません。船橋西図書館の蔵書廃棄事件では著者らが損害賠償を求めました。可能性としては損害賠償を求めるしかないと思っています。ただ、先ほど言いましたように、市民がある資料をリクエストしても、図書館にはそれを購入する義務はありません。図書館には一定の方針があって資料を収集しています。方針に反していないのに『絶歌』を購入することを拒んでいるとすれば裁判で訴えることも可能ですが、それを根拠づけるだけの証拠を集めることはなかなか難しいのではないかと思います。まずはリクエストを断る理由を開示するように求めていくこと、そのことによって不当な拒否を許さない雰囲気をつくること。残念ですが、私もそれ以上によいアイデアは持っていません。

大谷康晴（日本女子大学）　収集のことについて全国の図書館を調べていますが、『絶歌』は格好の材料です。

先生のお話は、資料の収集については、収集に関する規則をつくるべきだ、内容による収集の差別はまずいだろうというものだったと思います。資料の提供について制限を課すことが法律的には厳しいのはわかるのですが、『絶歌』の状況を見ていると、収集のほうで事実上萎縮して、事実上提供がすべて反故になるという状況、これを私は大変危惧しています。

太田出版のこの『絶歌』の前後に出た話題性に富んでいると思えない本（『奴隷のしつけ方』五月二八日発売）の所蔵数と大差なく、したがって、出版社で収集しないと選別しているともとうてい思えません。

なおかつ、『絶歌』を収集対象外とする図書館が一定数出ています。文学の個別作品を買いだすときりがないので、というのを収集基準にあげている図書館もありますが、『絶歌』が文学（手記）だからとそれを理由にしています。つまり、収集基準自身を悪意に解釈して問題から逃げようとしている側面も否めません。

このような状況は社会的にはよろしくないと私は思いますが、憲法学者として憲法学の観点でどうこうするのは難しいかもしれませんが、個人としてどういうふうに考えればいいのか、ご意見をいただけたらありがたいです。

松井　収集の基準をどう考えるかはとても難しい問題です。図書館には、予算の制約があって、収蔵スペースも限られているわけですから、何らかの基準の下で、優先順位をつけて選択しなければなりません。

話題の本を複数冊、図書館が購入するというのは、利用者の求めであればしようがない面もあります。出版社の立場からは、売り上げに大きく影響するという心配がありますので、ネガティブな印象を持たれてしまうこともあるでしょう。ですから、資料収集についても客観的な基準はあったほうがよいと思います。例えば、リクエストの数が多いものとか、特定の分野に力点を置いて資料を収集しているような図書館であれば、その方向に従った本であるとか、学術的な評価が高い本であるとか、そういう客観的な基準があるとよいと思います。

いまご質問いただいたように、この本を入れるとあとが大変そう…、というような理由で資料を収集しない、リクエストも拒むというのは大きな問題だと思います。ただし、先ほども言いましたが、特定の本をなぜ買わなかったのかということを、訴訟で争って証拠を挙げて立証するのは非常に難しいことなので、悩ましいところです。

皆さんの図書館ではおそらく「選定委員会」のような組織をつくっておられて、そこで選定されるだろうと思いますが、その場でどの本を買うかは議論されても、この本は買わないでおこうという議論がなされることはあまりないのではないでしょうか。

山家

どなたか実務の観点から情報提供、ご意見をお願いします。

塚田豊（横浜市立中央図書館）

横浜の場合は、新刊書が出れば直ちに利用者から予約が入ります。貸出される本の三割近くが予約で提供されます。神奈川県内の公共図書館は発売から三カ月以上経たなければお互い貸し借りはしないというルールになっていますから、予約を受けた新刊書はすべて選定の対象にあがります。

私のいる中央図書館のサービス課では、予約をお断りする、この本は買わないという事実上の決定が、毎週何冊もの本になされます。類書が多い分野なので限定して収集するとか、この著者はまだ評価が定まっていないとか、利用者に求められれば理由も申し上げる。文書で利用者にお断りの回答をする際には、その理由をつけたものの決裁をとるという形でやっています。

松井

きちんと利用者に理由を説明しているということですね。

村岡和彦（日本図書館協会図書館の自由委員会）

『絶歌』の件では、金沢市立図書館が「人権またはプライバシーを侵害する図書や公序良俗に反する図書は購入しない」という条項を収集方針に入れていると報じられています。自由宣言では収集に制限は設けず、提供に関してのみ「人権またはプライバシーに関わるもの」云々と定めているわけですが、収集方針の中で「人権、プライバシーに触れるもの」という基準を設けているものが実際にあるようです。松井先生は『絶歌』は人権にもプライバシーにも触れないと言われますが、その図書館ではそういう解釈をしているようです。

國松完二（滋賀県立図書館）

滋賀県立図書館では、購入する図書を選ぶため選定会議を持ち、その仕事内容を規定した内規も定めています。また、教育委員会規則である「滋賀県立図書館基本規則」のもとに「滋賀県立図書館利用細則」を定め、図書利用を制限する場合の規定も定めています。選定会議で購入しないと決定をした図書については、なぜ購入できないのかという理由を必ず利用者に伝えないといけないのでそちらのほうがより苦労します。私は司書館長ですので選定会議には必ず出席し、その場で判断しています。

『絶歌』については、マスコミで騒がれたり、議会質問も出たりしましたが、図書館内の幹部会議である「課長会議」で提供の可否について議論をし、その上で館長が一部制限をするという決断をし、その結果を教育長に報告したということです。

平形ひろみ（愛荘町立図書館）

同じく滋賀県の町立図書館です。私の図書館では毎週選定会議を開いております。リクエストについては担当のチーフがある程度の判断をし、どうしてもこれは蔵書として厳しいかな、というものについて、館長と相談してその場で決めます。

今回『絶歌』が出て、すぐに珍しくリクエストが入りました。見計らい本も来まして、職員の選定会議で協議して、買うことに決めました。が、その直後にそのリクエストがキャンセルされました。すすんで積極的に買いたい本ということではないけれど、町民のニーズには応えなければいけないので、リクエストが入ったら買いましょうということが選定会議の判断としてありましたので、いったん見送ったのですが、再度リクエストがあったので、公明正大に買いました。

ただ、全体には購入後のマスコミ攻勢がとっても大変で、新聞とかいろんなところから取材で、うちの図書館だけでなく苦慮されていましたし、館長ほんとに大丈夫ですか、という声があったのも事実です。今滋賀県は、リクエストを受けた本はほとんど所蔵しております。購入しない館は県立図書館の相互貸借の順番待ちになるようです。

高橋恵美子（法政大学・日本図書館協会学校図書館部会）

対談の中でも取り上げられていましたが、学校図書館での実践の難しさについて発言をしたいと思っています。

学校図書館の関係者が「図書館の自由に関する宣言」を意識するようになったのは、一九八〇年代初期の愛知県や千葉県の高等学校の禁書問題がきっかけだったと思います（＊1）。実はあれだけ大きな問題が起こっていたにもかかわらず、学校図書館に関する大きな研究団体はほとんど何も発言しませんでした。唯一動いたのが、教職員組合に所属していた学校司書たちです。学校司書がこの問題を独自に調査して調べたことが大々的に公表されたことで、世間に学校図書館と図書館の自由の関係が知られるようになったという経緯があります。

ところが最近、組合主催の研究集会の学校図書館分科会で助言者・共同研究者から「学校図書館にも図書館の自由に該当するという考えは間違いである」という発言がありました。著書や論文などでも同じように書き、図書館の自由を実践しようとする学校司書と「断固戦う」とまで書いてあります。とんでもないことだと思います。

皆さんもご存じかと思いますが、学校司書は非正規職員が圧倒的多数を占めています。例えば、図書館の自由に関するポスターを貼るとかハガキを置くとかまではできても、実際に自由をめぐる問題があっても、圧倒的多数の先生に対して物言うのは大変難しい状況に置かれています。研究者の中にも、塩見先生のように、学校図書館と図書館の自由のかかわりを大切に考えておられる方もいますが、学校図書館では、公共図書館以上に、司書がかなり覚悟を持たなければならない現状があります。

（＊1）『図書館の自由に関する事例33選』三四～四〇頁

塩見

教育学の基本的な原則で言うと、学校教育も含めて、「教育」というのは、本来は、ひとりひとりが伸びようとするもの、その人が持っている可能性を助長し適切に手を差し伸べることです。学校図書館の役割と可能性は、教科書による知識の伝授をはるかに超えた、より大きな児童生徒の学ぶ機会をどう助長するか、という教育の一つの働きにあると思います。

研究者の中には図書館の自由そのものへの反発があるのかもしれませんが、宣言が意味する内容をしっかりとらえれば、教育の論理からみてもあってしかるべきものです。つまり、自由宣言は学校図書館においても十分尊重されるべきです。現場の学校司書の方々は大変かもしれませんが頑張ってもらいたいと思います。

一九七九年に宣言の改訂をしたとき、この原則は「すべての図書館に基本的に妥当する」という少し苦しい表現にしました。その時点では、宣言は、公共図書館＋大学図書館を主に想定していて、学校図書館での実践に対して反対する声もあったということです。しかしながら、学校図書館が今後いろいろな経験を重ねる中で、こうした認識は変化する可能性もありました。そこで、「基本的に妥当する」ということを確認し、宣言自体をその起点にしたいという思いがありました。

ある資料に対して、購入しない理由、リクエストを断る理由は、まともには出てきません。例えば、愛知県の禁書問題のケースでも、ベストセラーになった『窓ぎわのトットちゃん』（＊1）について、「芸能人の書いたものだから買わない」と理由を挙げた校長がいました。でもそれは表向きの理由です。『窓ぎわのトットちゃん』は戦時中に自由教育をやったトモエ学園の教育について書かれています。当時の管理教育の思想から見れば、この本への反感があったことは間違いないと思います。松井先生がおっしゃるように、なぜこの本を買わなかったか、争いの中で主張するのはほとんど不可能に近いのですが、その理由の根っこのところに何があるのかということを突き詰めて、共通理解をつくっていく、そうした地道な取り組みを進めていくしかないのではないかと思います。

（＊1）黒柳徹子著　講談社　一九八一　黒柳氏はトモエ学園出身者

松井
皆さん、大変でしょうけれど、ぜひがんばってください。

山家
本日は長い時間、ありがとうございました。最後に、松井先生、塩見先生に大きな拍手をお願いいたします。

（一同、拍手して終了）

資料

■自由宣言六〇年　関係年表（塩見昇作成）

一九五〇年　図書館法公布
朝鮮戦争勃発（六月）

一九五一年　対日講和・日米安保条約
↓戦後日本の転換点（逆コースへ）

一九五二年　米軍機が飛び立つ福岡で全国図書館大会　破防法が水面下で話題に（五月）
↓有山崧「破防法」（『図書館雑誌』七月号）
『図書館雑誌』で「図書館と中立」の討論提起（八月）

一九五二〜五四年　同右「図書館の抵抗線」（中立性論議）

一九五二年　埼玉県公共図書館協議会から日図協に図書館憲章制定を申入れ（一二月）

一九五三年　日図協総会、図書館憲章の制定を承認（六月）
↓図書館憲章委員会発足

一九五四年　全国図書館大会・総会で「図書館の自由に関する宣言」採択（五月、主文のみ）
＊一九五六、五九年大会で宣言を再確認
《宣言の潜在期が続く》

一九六三年　『中小都市における公共図書館の運営』刊行
↓一九六五年日野市立図書館開設

一九六七年　練馬テレビ事件（六月）　日常の中に「図書館の自由」が顕在化

一九七三年　山口県立図書館蔵書隠匿事件発覚（八月）

一九七四年　日図協に「図書館の自由委員会設置の可否を検討する委員会」設置（四月）
常置委員会設置を決定（一一月）、翌年三月から自由委員会活動開始
＊差別表現、プライバシー問題など次々顕在化

一九七五年　都立中央図書館複写申込書閲覧事件（五月）
刑事訴訟法第一九七条二項による「公務所への照会」　図書館と法の関係

一九七六年　自由委員会、宣言(副文)改訂作業に着手（五月）
↓主文の改訂も

一九七九年　図書館の自由に関する宣言改訂、日図協総会で承認（五月）

一九八三年　最高裁、未決拘禁者の「閲読の自由」を認定（六月）

一九八六年　深川幼児誘拐殺人事件で国会図書館に令状に基づく押収（五月）

一九八八年　各務原少女誘拐事件「図書館ラベルを追え！」騒動（八月）
　　富山県立図書館『図録』閲覧停止問題（八月）
　　約一〇年に及ぶその後の展開
一九九〇年　三億円強奪事件報道の関連で、新聞縮刷版の利用制限を要請される（一月）
一九九五年　『ちびくろサンボ』問題
　　地下鉄サリン事件の捜査で国会図書館五三万人分の利用者記録押収（四月）
一九九七年　神戸の連続児童殺傷事件　未成年被疑者の報道が論議を呼ぶ（七月）
一九九八年　自由委員会、提供制限があり得る場合の三要件を参考意見で提示（二月）
二〇〇一年　船橋西図書館蔵書破棄事件発覚　→最高裁、差し戻し判決（二〇〇五年七月一四日）
二〇〇八年　元厚生事務次官殺傷事件に伴う国会図書館における政府職員録利用停止（一一月）
二〇一〇年　図書館HPへのアクセスに係る岡崎市立中央図書館利用者逮捕拘留事件（五月）
二〇一三年　松江市教委による学校への『はだしのゲン』閲覧制限指示が表面化（八月）

〈参考〉

	1960	1965	1970	1972	1974	1976	1978	1980
100人当たり貸出数		16	31	53	86	110	134	162
「自由」の文献数	5	4	27	5	85	111	124	153

塩見昇「『図書館の自由に関する宣言』の成立と進展」（塩見昇・川崎良孝編著『知る自由の保障と図書館』京都大学図書館情報学研究会　2006）

『図書館と表現の自由』（松井茂記著）で取り上げられた主な裁判、法令等

（日本図書館協会図書館の自由委員会作成）

1．船橋市西図書館蔵書破棄事件（同書29頁ほか）

二〇〇一年八月に船橋市西図書館の司書が、西部邁や新しい歴史教科書をつくる会会員らの著書計一〇七冊を、自らの政治思想に基づき、廃棄基準に該当しないにもかかわらず除籍・廃棄した事件。除籍・廃棄された図書の著者らが損害賠償を求めて提訴し、一・二審は蔵書の管理は市の自由裁量として請求を退けたが、最高裁は廃棄は著者の人格的利益を侵害する違法行為と認定し東京高裁に差し戻した。高裁は原告一人当たり三千円の賠償を命じ、確定した。

最高裁第一小法廷判決（二〇〇五年七月一四日）要旨

公立図書館は、住民に対して思想、意見その他の種々の情報を含む図書館資料提供してその教養を高めること等を目的とする公的な場である。そして、公立図書館の図書館職員は、公立図書館の役割を果たせるように、独断的な評価や個人的な好みにとらわれることなく、公正に図書館資料を取り扱う義務を負うべきであり、閲覧に供されている図書について、独断的な評価や個人的な好みによってこれを廃棄することは、図書館職員としての基本的な職務上の義務に反する。

公立図書館が、住民に図書資料を提供するための公的な場であるということは、そこで閲覧に供された図書の著作者にとって、その思想、意見等を公衆に伝達する公的な場である。したがって、公立図書館の図書館職員が閲覧に供されている図書を著作者の思想や信条を理由とするなど不公正な取扱いによって廃棄することは、当該著作者が著作物によってその思想、意見等を公衆に伝達する利益を不当に損なうものである。そして、著作者の思想の自由、表現の自由が憲法により保障された基本的人権であることにかんがみると、公立図書館において、その著作物が閲覧に供されている著作者が有する利益は、法的保護に値する人格的利益であり、公立図書館の図書館職員である公務員が、図書の廃棄について、基本的な職務上の義務に反し、著作者又は著作物に対する独断的な評価や個人的な好みによって不公正な取扱いをしたときは、当該図書の著作者の人格的利益を侵害するものとして国家賠償法上違法となる。

2．東大和市図書館『新潮45』閲覧禁止事件（同書32、165頁）

一九九八年二月に東大和市図書館は堺市通り魔事件の被疑者一九歳少年の実名と顔写真を記載した『新潮45』同年三月号を少年法六一条違反の疑いがあるとして閲覧禁止にしたところ、同市在住の市民が、①同措置は憲法二一条が禁止する検閲に当たり　②図書館長は蔵書の利用を制限することができるとする同館の図書館運営規則は、憲法二一条の趣旨をふまえれば館長にまったくの自由裁量を認めたものではないとして、閲覧禁止解除と損害賠償を求めて提訴した。一、二審とも請求を棄却。

東京高裁判決（二〇〇二年一月二九日）要旨

市販された図書を図書館が閲覧禁止することとは、憲法二一条が禁じる事前抑制に当たらない。

憲法二一条は、地方自治体に対して情報の提供等に係る何らかの措置を請求する権利を保障するものとまでは認められない。

図書館の管理に関する定めは、地方自治法二四四条二の一項（普通地方公共団体は……公の施設の設置及びその管理に関する事項は、条例でこれを定めなければならない。）に基づくと解すべきで、管理に関する定めは教育委員会が定める規則に委任しており、運営規則一〇条は、これを受けて、図書館長に対して、図書の利用方法のみならず閲覧の可否を定める裁量権を認めたものと解すべきである。

3．米国「子どもをインターネットから保護する法律」の憲法適合性裁判（U.S. v. ALA）（同書48頁）

同法（ＣＩＰＡ）は、米国連邦議会が未成年者（一七歳未満）保護のため、連邦の補助を受ける図書館に、館内の全インターネット端末に、わいせつな映像、児童ポルノ映像、有害な映像へのアクセスをブロックするフィルタリング・ソフトの導入を義務づけ、違反に対しては補助金を支給しないとした法律。アメリカ図書館協会（ＡＬＡ）等は憲法修正一条（表現の自由保障）に違反し、図書館ソーシャル・ネットワーキング・サイトへの接続を禁止するのでなく、その危険性と責任を持った利用の仕方を教育する方法を選ぶべきだなどとして提訴した。最高裁は六対三で合憲とした。

合衆国最高裁判決（二〇〇三年六月二三日：539U.S.194（2003））の相対的多数意見の要旨

公立図書館の使命は学習と文化的啓蒙の促進であり、コミュニティの最大の利益や関心する必要または適切な資料のみを収集してきた。図書館は蔵書構築の幅広い裁量権を持つ。

公立図書館のインターネット・アクセスは書架の技術的拡大に過ぎず、厳格審査を必要とするパブリックフォーラム論はこの場にはなじまない。図書館でのインターネット提供についても図書館の幅広い裁量権が認められる。

図書館の書架にポルノグラフィが置かれていない以上、図書館でのインターネット端末から排除するのも当然である。

4．ピコ事件 （同書66頁）

米国アイランドトリーズの教育委員会が『15歳の遺書：アリスの愛と死の日記』ほか多数の図書を反アメリカ的、反キリスト教的、反ユダヤ的で口汚いとして学校図書館から除去することを決定し、生徒がこの措置は修正一条に違反するとして提訴した。最高裁は事案を事実審に差し戻した。

合衆国最高裁判決（一九八二年六月：457U.S.853（1982））の相対的多数意見の要旨

除去の決定により教育委員会と意見を異にする思想に生徒がアクセスすることを否定する意図を持っており、かつこの意図が決定的要素である場合、教育委員会の決定自由裁量の行使は憲法に反する。かかる公の決定は、正に一種の官製の正統性の奨励であり、過去の判例ではっきりと非難されている。

俗悪さに満ちたものだとか教育的なふさわしさとかが除去の決定的動機ならば、官憲による思想抑圧の脅威をもたらさない。

5．上尾市福祉会館事件 （同書76頁）

最高裁第二小法廷判決（一九九六年三月一五日）要旨

何者かに殺害されたＪＲ関係労働組合の連合体の総務部長の合同葬に使用するためにされた市福祉会館の使用許可申請に対し、上尾市福祉会館設置及び管理条例が使用を許可しない事由として定める「会館の管理上支障があると認められるとき」に当たるとしてされた不許可処分は、その主催者と対立する者らの妨害による混乱が生ずるおそれがあるとは考え難い状況にあった上、警察の警備等によってもなお混乱を防止することができない特別な事情があったとはいえず、右会館の施設の設置目的や運営方針に反するとはいえない。「会館の管理上支障がある」事態が生ずることが客観的な事実に照らして具体的に明らかに予測されたものとはいえず、違法というべきである。

6．天皇コラージュ事件　（同書76頁）

富山県立近代美術館が収蔵する明治天皇の肖像と他の写真を合成したコラージュ作品「遠近を抱えて」（大浦信行作）を展示したところ、県議会で議員が不快であり美術館の収蔵は疑問とし、政治問題化した。右翼団体などの抗議を受け、美術館は本件作品及びこれ収録した図録を非公開、非売品としたうえ、本件作品を売却し、本件図録を焼却した。大浦は富山県に対し損害賠償と作品・図録の原状回復措置を求めて提訴し、特別観覧を拒否された市民らも損害賠償を求めて提訴した。

富山地裁判決（一九九八年一二月一六日）要旨

芸術家が作品を製作して発表することを公権力によって妨げられることはないが、公権力に対し、自己の製作した作品を発表するための作為―美術館による購入や展示等を求めることはできない。図録で市民に自己の作品を鑑賞してもらうことは、美術館による図録の発行というサービスの提供による事実上の利益にすぎない。

表現の自由の保障とは、情報収集―情報提供―情報受領という情報の流通過程における国民の諸活動が公権力によって妨げられないことを意味し、右のうち情報収集の過程においては、いわゆる知る権利も保障されているものと解される。

知る権利は、法令による開示基準の設定と具体的開示請求権の根拠づけがあって初めて、裁判規範性を有するに至るものと解するのが相当である。同館条例の特別観覧制度は、県立美術館に収蔵されている作品についての知る権利を具体化する趣旨のものであると解することができ、正当な理由（地自法二四四条）なく特別観覧許可申請を不許可とすることは、憲法の保障する知る権利を不当に制限することになり、本件作品の特別観覧許可申請の不許可及び本件図録の閲覧の拒否は違法。

富山高裁金沢支部判決（二〇〇〇年二月一六日）要旨

大浦の請求を一審判決と同様に棄却。

特別観覧に係る条例等の規定は、美術館の開設趣旨やその規定の仕方、内容に照らしても、第一審原告らが主張するように憲法二一条が保障する表現の自由あるいはそれを担保するための『知る権利』を具体化する趣旨の規定とまで解することは困難である。

7．国立国会図書館資料利用制限措置等に関する内規（抄）（同書106頁ほか）

第四条（資料利用制限措置を採ることができる資料）　資

料利用制限措置を採ることができる資料は、次のとおりとする。

一　その内容が関係者の名誉、プライバシーその他の人権を侵害することが裁判により確定した資料その他その内容を公開することによりこれらの人権を侵害することが客観的に明らかである資料

二　刑法一七五条に規定するわいせつ物に該当することが裁判により確定した資料及びわいせつ物に該当するか否かについて係争中の資料

三　児童買春、児童ポルノに係る行為等の規制及び処罰並びに児童の保護等に関する法律第二条第三項に規程する児童ポルノに該当することが裁判により確定した資料及び児童ポルノに該当するか否かについて係争中の資料

四　国若しくは地方公共団体の諸機関又は次に掲げる法人により、又はこれらのもののために発行された資料で、その内容の公開を制限し、又は非公開とすることを当該機関又は法人が公的に決定したもの（略）

五　著作権その他の著作権法に定める権利を侵害して発行された資料

第六条（利用制限の申出等）　資料の利用制限は、その資料の著作者若しくは発行者又はその資料の掲載事項に直接の利害関係を有するものからの文書による申出により行うものとする。

2　前項の申出において回収若しくは廃棄又は部分削除、修正その他資料の原状に変更を加える措置（乱丁又は落丁その他これに準ずる理由による最良版による差し替えの場合を除く。）の要請があったときは、第二条の規定に鑑み、原則としてその要請には応じないものとする。

注）第七条で、第四条の一、二、三、五に規定する資料については申出を要しないとしている。

第七条（調査審議等）　前条第一項の申出があったときは、利用制限等申出資料取扱委員会は速やかに調査審議し、その結果を館長に報告する。（以下略）

第八条（決定）　館長は、当該資料の利用制限について決定する。（以下略）

第十条（再審議等）　利用制限等申出資料取扱委員会は、措置決定資料について、一定の期間が経過する前に、又は当該措置に影響を及ぼすような社会的事情の変化があったと認めるときは、当該措置について再審議し、その結果を館長に報告する。

8．児童ポルノ禁止法の所持・提供者への処罰規定（同書124頁）

（児童ポルノ所持、提供等）

第七条　自己の性的好奇心を満たす目的で、児童ポルノを所持した者（自己の意思に基づいて所持するに至った者であり、かつ、当該者であることが明らかに認められる者に限る。）は、一年以下の懲役又は百万円以下の罰金に処する。（略）

2　児童ポルノを提供した者は、三年以下の懲役又は三百万円以下の罰金に処する。電気通信回線を通じて第二条第三項各号のいずれかに掲げる児童の姿態を視覚により認識することができる方法により描写した情報を記録した電磁的記録その他の記録を提供した者も、同様とする。

3　前項に掲げる行為の目的で、児童ポルノを製造し、所持し、運搬し、本邦に輸入し、又は本邦から輸出した者も、同項と同様とする。同項に掲げる行為の目的で、同項の電磁的記録を保管した者も、同様とする。（以下略）

9．柳美里著『石に泳ぐ魚』差止め請求事件（同書143頁）

著者の自伝的処女小説。『新潮』一九九四年九月号初出。同年一二月、この作品のモデルとなった韓国人女性が、名誉毀損、プライバシー侵害、侮辱などを理由に損害賠償と、その単行本の出版に対する差止め、同書を所蔵する図書館に判決内容を告げる付箋の送付を求めて提訴。東京地裁は付箋の送付請求を棄却。原告はその他の請求について控訴、上告した。

最高裁大三小法廷判決（二〇〇二年九月二四日）要旨

文学的表現においても他者に害悪をもたらすような表現は慎むべきであり、単行本として出版されれば私人である被害者の精神的苦痛が倍増され、平穏な日常生活を送ることが困難になるとして単行本の出版に対する差止め請求を認容。

雑誌に掲載されたものについては、損害賠償請求のみ認容。

10．長良川連続リンチ殺人事件報道事件（同書163頁）

一九九四年九月二八日から一〇日間で三府県で発生した当時一八～一九歳の少年三人を主犯とするリンチ殺人事件。主犯の一人は、「週刊文春」に実名に似た仮名で記事を書かれたことについて少年法六一条に反しプライバシーを侵害されたとして損害賠償を求めて提訴した。

一、二審とも文春側に三〇万円の損害賠償を命じたが最高裁は名古屋高裁に差し戻し、同高裁は少年の請求を棄却した。刑事裁判では最高裁第二小法廷判決（二〇一一年三月一〇日）で三名の死刑が確定した。

最高裁第二小法廷判決（二〇〇三年三月一四日）要旨

本件記事によって一般読者が元少年を犯人と推測できるとはいえない。

本件記事が週刊誌に掲載された当時の被上告人の年齢や社会的地位、当該犯罪行為の内容、これらが公表されることによって被上告人のプライバシーに属する情報が伝達される範囲と被上告人が被る具体的被害の程度、本件記事の目的や意義、公表時の社会的状況、本件記事において当該情報を公表する必要性など、その事実を公表されない法的利益とこれを公表する理由に関する諸事情を個別具体的に審理し、これらを比較衡量して判断することが必要である。

原審は本件記事が少年法六一条に違反するものであることを前提とし、同条によって保護されるべき少年の権利ないし法的利益よりも、明らかに社会的利益を擁護する要請が強く優先されるべきであるなどの特段の事情が存する場合に限って違法性が阻却されると解すべきであるが、本件についてはこの特段の事情を認めることはできないとして……個別具体的な事情を何ら審理判断することなく、上告人の不法行為責任を肯定したもので、審理不尽の結果、明らかな法令の違反がある。

11．国立国会図書館の検察資料閲覧禁止事件（同書181頁）

日本政府が在日米軍関係者による犯罪の裁判権を放棄するとした検察官用資料「検察資料〔158〕合衆国軍隊構成員等に対する刑事裁判権関係実務資料〔検察提要6〕」を、国立国会図書館（NDL）が二〇〇八年六月、法務省からの申出を容れて閲覧禁止としたことについて、斎藤貴男氏が処分取消と損害賠償を求めた。原告の請求を棄却した一審判決を二審東京高裁も支持し、原告は上告したが、二〇一三年九月二四日、最高裁は上告不受理を決定。この間、法務省は閲覧禁止を求めた部分を縮小し、最終的にNDLは個人情報部分を除いて閲覧禁止を解除した。

東京地裁判決（二〇一一年八月二五日）要旨

国立国会図書館は、「その役割、機能等に照らして、国民に対して思想、意見その他の様々な情報を含む図書館資料を提供してその教養を高めること等を目的とする公的な場」としての側面を持ち、法律上も「日本国民がその図書館奉仕を最大限に享受することができるようにしなければならない。

本件閲覧禁止措置に客観的に違法というべき瑕疵があっ

たとしても、そのことから直ちに国家賠償法一条一項にいう違法があったとの評価を受けるものではなく、公務員が職務上通常尽くすべき注意義務を尽くすことなく漫然と本件閲覧禁止措置をしたと認め得るような事情がある場合に限り、上記評価を受けるものと解するのが相当である。

館長は……公正に図書館資料を取り扱うべき職務上の義務を負うものというべきである。

重要な事実に誤認があること等により事実の基礎を欠き、又は基礎とされた重要な事実に対する評価が著しく合理性を欠くこと等により社会通念に照らして妥当性を欠くことが明らかであるという事情がない限り、その判断を尊重して当該図書館資料に利用制限措置を講じたとしても、何ら違法ではない。

12．早稲田大学の講演会参加者リスト提出事件（同書221頁）

早稲田大学が江沢民中国国家主席の講演会を開催した際、警視庁戸塚署の要請を受け、学生の参加申込書（学籍番号、氏名、住所、電話番号を記載）のリストを当該学生らに無断で提供したところ、申し込んだ学生がプライバシー侵害であるとして大学に損害賠償を求めて提訴した。最高裁は早稲田大学に損害賠償を命じた。

最高裁第二小法廷（二〇〇三年九月一二日）要旨

学籍番号、氏名、住所及び電話番号は、個人識別等を行うための単純な情報であって、その限りにおいては、秘匿されるべき必要性が必ずしも高いものではなく、本件講演会に参加を申し込んだ学生であることも同断である。しかし、このような個人情報についても、本人が、自己が欲しない他者にはみだりにこれを開示されたくないと考えることは自然なことであり、そのことへの期待は保護されるべきものであるから、本件個人情報は、上告人らのプライバシーに係る情報として法的保護の対象となるというべきである。

早稲田大学は、大学が本件個人情報を警察に開示することをあらかじめ明示した上で講演会参加希望者に開示について承諾を求めることは容易であったと考えられる。

同大学の行為は、上告人らが任意に提供したプライバシーに係る情報の適切な管理についての合理的な期待を裏切るものであり、上告人らのプライバシーを侵害するものとして不法行為を構成する。

図書館の自由に関する宣言
一九七九年改訂

社団法人　日本図書館協会
（一九七九年五月三〇日　総会決議）

図書館は、基本的人権のひとつとして知る自由をもつ国民に、資料と施設を提供することをもっとも重要な任務とする。

1　日本国憲法は主権が国民に存するとの原理にもとづいており、この国民主権の原理を維持し発展させるためには、国民ひとりひとりが思想・意見を自由に発表し交換すること、すなわち表現の自由の保障が不可欠である。

知る自由は、表現の送り手に対して保障されるべき自由と表裏一体をなすものであり、知る自由の保障があってこそ表現の自由は成立する。

知る自由は、また、思想・良心の自由をはじめとして、いっさいの基本的人権と密接にかかわり、それらの保障を実現するための基礎的な要件である。それは、憲法が示すように、国民の不断の努力によって保持されなければならない。

2　すべての国民は、いつでもその必要とする資料を入手し利用する権利を有する。この権利を社会的に保障することは、すなわち知る自由を保障することである。図書館は、まさにこのことに責任を負う機関である。

3　図書館は、権力の介入または社会的圧力に左右されることなく、自らの責任にもとづき、図書館間の相互協力をふくむ図書館の総力をあげて、収集した資料と整備された施設を国民の利用に供するものである。

4　わが国においては、図書館が国民の知る自由を保障するのではなく、国民に対する「思想善導」の機関として、国民の知る自由を妨げる役割さえ果たした歴史的事実があることを忘れてはならない。図書館は、この反省の上に、国民の知る自由を守り、ひろげていく責任を果たすことが必要である。

5　すべての国民は、図書館利用に公平な権利をもっており、人種、信条、性別、年齢やそのおかれている条件等によっていかなる差別もあってはならない。

外国人も、その権利は保障される。

6　ここに掲げる「図書館の自由」に関する原則は、国民の知る自由を保障するためであって、すべての図書館に基本的に妥当するものである。

この任務を果たすため、図書館は次のことを確認し実践する。

第1　図書館は資料収集の自由を有する

1　図書館は、国民の知る自由を保障する機関として、国民のあらゆる資料要求にこたえなければならない。

2　図書館は、自らの責任において作成した収集方針にもとづき資料の選択および収集を行う。その際、

(1)　多様な、対立する意見のある問題については、それぞれの観点に立つ資料を幅広く収集する。

(2)　著者の思想的、宗教的、党派的立場にとらわれて、その著作を排除することはしない。

(3)　図書館員の個人的な関心や好みによって選択をしない。

(4)　個人・組織・団体からの圧力や干渉によって収集の自由を放棄したり、紛糾をおそれて自己規制したりはしない。

(5)　寄贈資料の受入にあたっても同様である。図書館の収集した資料がどのような思想や主張をもっていようとも、それを図書館および図書館員が支持することを意味するものではない。

3　図書館は、成文化された収集方針を公開して、広く社会からの批判と協力を得るようにつとめる。

第2　図書館は資料提供の自由を有する

1　国民の知る自由を保障するため、すべての図書館資料は、原則として国民の自由な利用に供されるべきである。

図書館は、正当な理由がないかぎり、ある種の資料を特別扱いしたり、資料の内容に手を加えたり、書架から撤去したり、廃棄したりはしない。

提供の自由は、次の場合にかぎって制限されることがある。これらの制限は、極力限定して適用し、時期を経て再検討されるべきものである。

(1)　人権またはプライバシーを侵害するもの

(2)　わいせつ出版物であるとの判決が確定したもの

(3)　寄贈または寄託資料のうち、寄贈者または寄託者が公開を否とする非公刊資料

2　図書館は、将来にわたる利用に備えるため、資料を保存する責任を負う。図書館の保存する資料は、一時的な

社会的要請、個人・組織・団体からの圧力や干渉によって廃棄されることはない。

3　図書館の集会室等は、国民の自主的な学習や創造を援助するために、身近にいつでも利用できる豊富な資料が組織されている場にあるという特徴を持っている。

図書館は、集会室等の施設を、営利を目的とする場合を除いて、個人、団体を問わず公平な利用に供する。

4　図書館の企画する集会や行事等が、個人・組織・団体からの圧力や干渉によってゆがめられてはならない。

第3　図書館は利用者の秘密を守る

1　読者が何を読むかはその人のプライバシーに属することであり、図書館は、利用者の読書事実を外部に漏らさない。ただし、憲法第三五条にもとづく令状を確認した場合は例外とする。

2　図書館は、読書記録以外の図書館の利用事実に関しても、利用者のプライバシーを侵さない。

3　利用者の読書事実、利用事実は、図書館が業務上知り得た秘密であって、図書館活動に従事するすべての人びとは、この秘密を守らなければならない。

第4　図書館はすべての検閲に反対する

1　検閲は、権力が国民の思想・言論の自由を抑圧する手段として常用してきたものであって、国民の知る自由を基盤とする民主主義とは相容れない。

検閲が、図書館における資料収集を事前に制約し、さらに、収集した資料の書架からの撤去、廃棄に及ぶことは、内外の苦渋にみちた歴史と経験により明らかである。

したがって、図書館はすべての検閲に反対する。

2　検閲と同様の結果をもたらすものとして、個人・組織・団体からの圧力や干渉がある。図書館は、これらの思想・言論の抑圧に対しても反対する。

3　それらの抑圧は、図書館における自己規制を生みやすい。しかし図書館は、そうした自己規制におちいることなく、国民の知る自由を守る。

図書館の自由が侵されるとき、われわれは団結して、あくまで自由を守る。

1　図書館の自由の状況は、一国の民主主義の進展をはかる重要な指標である。図書館の自由が侵されようとするとき、われわれ図書館にかかわるものは、その侵害を排除する行動を起こす。このためには、図書館の民主的な運営と図書館員の連帯の強化を欠かすことができない。

2　図書館の自由を守る行動は、自由と人権を守る国民のたたかいの一環である。われわれは、図書館の自由を守ることで共通の立場に立つ団体・機関・人びとと提携して、図書館の自由を守りぬく責任をもつ。

3　図書館の自由に対する国民の支持と協力は、国民が、図書館活動を通じて図書館の自由の尊さを体験している場合にのみ得られる。われわれは、図書館の自由を守る努力を不断に続けるものである。

4　図書館の自由を守る行動において、これにかかわった図書館員が不利益をうけることがあってはならない。これを未然に防止し、万一そのような事態が生じた場合にその救済につとめることは、日本図書館協会の重要な責務である。

■参考文献

『「図書館の自由に関する宣言一九七九年改訂」解説』第2版　日本図書館協会図書館の自由委員会編　日本図書館協会　二〇〇四年三月

『図書館の自由に関する宣言の成立』（図書館と自由　第一集）覆刻版　日本図書館協会図書館の自由に関する調査委員会編　日本図書館協会　二〇〇四年一〇月

『『図書館年鑑』にみる「図書館の自由に関する宣言」五十年』日本図書館協会図書館の自由委員会編　日本図書館協会　二〇〇四年一〇月

「特集　五十年を迎えた「図書館の自由に関する宣言」」『図書館雑誌』九八巻一〇号（二〇〇四年一〇月）

『「図書館の自由に関する宣言」20年のあゆみ　一九五四-一九七二』（図書館と自由　第3集）日本図書館協会図書館の自由に関する調査委員会編　日本図書館協会　一九八〇年八月

『「図書館の自由」に寄せる社会の期待』（図書館と自由第6集）日本図書館協会図書館の自由に関する調査委員会編　日本図書館協会　一九八四年一〇月

『図書館の自由に関する事例33選』（図書館と自由　第14集）日本図書館協会図書館の自由に関する調査委員会編　日本図書館協会　一九九七年六月

『図書館の自由に関する事例集』日本図書館協会図書館の自由委員会編　日本図書館協会　二〇〇八年九月

あとがき

本書は「図書館の自由に関する宣言」採択五〇周年と六〇周年を記念して開催した座談会と講演会の記録を収録したものです。一九九七年に出版した『表現の自由から図書館を考える―図書館の自由に関する宣言採択40周年記念シンポジウム記録』（日本図書館協会）の続編にあたるものとなります。

五〇周年記念座談会については、三苫正勝氏（二〇〇四年度まで委員長）がその開催準備、記録のとりまとめに尽力しました。大会記録への収録だけでなく記念冊子の刊行を願っていましたが、かないませんでした。本書の編集にあたって読み直すことにより、日々、新たに生じる図書館の自由をめぐる諸問題を考えるためのヒントが数多く含まれていることを改めて実感しました。

六〇周年記念講演会は、山家篤夫氏（二〇一四年度まで委員長および東地区委員長）のコーディネートにより開催しました。記録のとりまとめは、山家氏のほか熊野清子、喜多由美子、山口真也が担当しました。

本書では、タイトル「図書館の自由を求めて」の「求めて」を「Searching」と英訳しています。この英語タイトルの提案を山家氏から受けた際、「求めて」の訳語としては少し違和感を覚えました。しかし、「Searching」という語が、二〇〇一年度までの委員会の名称「図書館の自由に関する調査委員会」をふまえたものであることを知り、図書館の自由を追求してきた長い歴史の上に今日があること、そして、そのバトンを委員の一人として受け継いでいく重みを教えていただいたように思います。

終わりになりましたが、座談会・講演会の開催と本書作成にあたり、パネリスト、講師の方々には種々のご協力をお願いし、快くお引き受けいただきました。ありがとうございます。この場を借りてお礼を申し上げますとともに、編集を担当した者として、本書が多くの図書館関係者、市民の手に届くことを願っております。

二〇一五年一二月

日本図書館協会　図書館の自由委員会

山口　真也

図書館の自由を求めて

「図書館の自由に関する宣言」採択50周年座談会・60周年記念講演会記録集

2016年4月30日　初版第1刷発行

定　価：本体1200円（税別）

編　集：日本図書館協会図書館の自由委員会

発　行：公益社団法人　日本図書館協会

〒104-0033　東京都中央区新川1丁目11-14

Tel 03-3523-0811（代）　Fax 03-3533-0841

印刷所：㈲吉田製本工房　㈲マーリンクレイン

JLA201603　ISBN978-4-8204-1602-9　Printed in Japan

本文の用紙は中性紙を使用しています。